名探偵コナンの
発明博士

DETECTIVE CONAN
DOCTOR OF INVENTION

[原作]青山剛昌
監修／日本技術史教育学会

名探偵コナンの発明博士

目次《もくじ》

それがコナン発明《はつめい》グッズ!!

事件《じけん》解決《かいけつ》の最高《さいこう》の相棒《あいぼう》、

「発明《はつめい》」によって

広《ひろ》がる世界《せかい》…!

『名探偵《めいたんてい》コナン』でおなじみの発明《はつめい》グッズ! もはや事件解決《じけんかいけつ》には欠《か》かせない存在《そんざい》だよね。でも、そもそもコナンの発明《はつめい》グッズに使《つか》われている無線機《むせんき》やエンジンなどの技術《ぎじゅつ》はどうやって発明《はつめい》されたのかな? この本《ほん》ではコナンのまんがを読《よ》みながら、楽《たの》しく発明《はつめい》の世界《せかい》や歴史《れきし》を学《まな》ぶことができるんだ!! さあ、キミもコナンと一緒《いっしょ》に発明《はつめい》の世界《せかい》へ出《で》かけよう!

発《は》明《めい》って何《なん》だろう？

発明《はつめい》とは
空《そら》飛《と》ぶ
自転車《じてんしゃ》が
あるといいな
今《いま》までにない
新《あたら》しいものを
つくる
アイディアを
ものや技術《ぎじゅつ》で
具体化《ぐたいか》する

今《いま》までにない新《あたら》しいものをつくり出《だ》すことが発明《はつめい》

『名探偵《めいたんてい》コナン』では阿笠博士《あがさはかせ》がつくった発明品《はつめいひん》がたくさん登場《とうじょう》し、コナンたちが事件《じけん》の解決《かいけつ》に活用《かつよう》しているよね。そんな発明《はつめい》の世界《せかい》を、コナンのまんがを楽《たの》しみながらのぞいてみよう！

発明《はつめい》とは、この世《よ》に存在《そんざい》していない新《あたら》しいものを、個人《こじん》や組織《そしき》・グループの工夫《くふう》によってつくり出《だ》すこと。新《あたら》しいアイデアを思《おも》いつくことは「発案《はつあん》」で、何《なに》かをつくり出《だ》す発明《はつめい》とは別《べつ》なんだ。ただし、材料《ざいりょう》はこの世《よ》に存在《そんざい》するものを使《つか》って構《かま》わないし、すでに存在《そんざい》する技術《ぎじゅつ》を参考《さんこう》にして新《あたら》しい技術《ぎじゅつ》を考《かんが》えることも発明《はつめい》になるよ。また、すでに存在《そんざい》する技術《ぎじゅつ》に新《あたら》しい改良《かいりょう》を加《くわ》えることも「改良発明《かいりょうはつめい》」として認《みと》められているんだ。ほかの人《ひと》が考《かんが》えたけど途中《とちゅう》でうまくいかなくて中止《ちゅうし》した発明《はつめい》を、最後《さいご》まで完成《かんせい》させて実用化《じつようか》した場合《ばあい》も、それは完成《かんせい》させた人《ひと》の発明《はつめい》になるよ。

似《に》た言葉《ことば》だけどまったく別《べつ》！ 発明《はつめい》と発見《はっけん》のちがいは？

発明《はつめい》と似《に》た言葉《ことば》に「発見《はっけん》」というものがあるけど、実《じつ》は意味《いみ》がまったく異《こと》なるんだ。この世《よ》に存在《そんざい》していないものを新《あたら》しくつくり出《だ》すことが発明《はつめい》なのに対《たい》して、すでに世《よ》の中《なか》に存在《そんざい》しているけど、今《いま》まで誰《だれ》も知《し》らなかったり見《み》たことがないものを初《はじ》めて見《み》つけることが発見《はっけん》。分《わ》かりやすく区別《くべつ》すると、顕微鏡《けんびきょう》という器《き》具《ぐ》をつくり出《だ》すことは「発明《はつめい》」で、顕微鏡《けんびきょう》を利用《りよう》して新《あたら》しい細菌《さいきん》を見《み》つけることは「発見《はっけん》」になるよ。

だからといって、発見《はっけん》と発明《はつめい》がまったく関係《かんけい》ないかというと、そうでもない。たとえば、レンズを利用《りよう》して文字《もじ》などを見《み》えやすくする眼鏡《めがね》は、水《みず》を満《み》たしたガラス容器《ようき》を通《とお》すと文字《もじ》が大《おお》きく見《み》えることに気《き》づいた人《ひと》がいて、そうした原理《げんり》の発見《はっけん》からヒントを得《え》た人《ひと》がレンズをつくり出《だ》して発明《はつめい》したもの。新《あたら》しい発見《はっけん》がアイディアとして技術化《ぎじゅつか》されて発明《はつめい》を生《う》み、その発明品《はつめいひん》を利用《りよう》することで新《あたら》しい発見《はっけん》が生《う》まれていく――。つまり発見《はっけん》と発明《はつめい》は切《き》っても切《き》り離《はな》せない関係《かんけい》にあるんだ。

ちなみに、発明《はつめい》を行《おこな》った人《ひと》に国《くに》が与《あた》える特許《とっきょ》という独占権利《どくせんけんり》は、発見《はっけん》に対《たい》しては与《あた》えられないよ。

「発明《はつめい》」と「発見《はっけん》」のちがい

発明《はつめい》

この世《よ》に存在《そんざい》しないものや技術《ぎじゅつ》を新《あら》たに生《う》み出《だ》すこと。

発見《はっけん》

すでに存在《そんざい》しているものや原理《げんり》を初《はじ》めて見《み》つけること。

発明《はつめい》がさらなる発明《はつめい》を生《う》み人類《じんるい》の発展《はってん》をもたらした

人類《じんるい》の発明《はつめい》の歴史《れきし》は、まず石材《せきざい》を発見《はっけん》し、それを活用《かつよう》するため石器《せっき》をつくった太古《たいこ》の時代《じだい》までさかのぼることができる。その後《ご》も人類《じんるい》は数々《かずかず》の発見《はっけん》と発明《はつめい》を組《く》み合《あ》わせ、文明的《ぶんめいてき》な生活《せいかつ》を生《う》み出《だ》していったんだ。

現代《げんだい》も使《つか》われているような道具《どうぐ》が本格的《ほんかくてき》に発明《はつめい》されるようになったのは、中国由来《ちゅうごくゆらい》の火薬《かやく》、羅針盤《らしんばん》、活版印刷《かっぱんいんさつ》が実用的《じつようてき》に改良《かいりょう》された15~16世紀《せいき》のルネサンス期《き》から。さらに、火薬《かやく》を用《もち》いた鉄砲《てっぽう》の開発《かいはつ》など、ひとつの発明《はつめい》が次《つぎ》の新《あら》たな発明《はつめい》や技術《ぎじゅつ》の向上《こうじょう》につながっていった。

近代《きんだい》になると科学《かがく》と技術《ぎじゅつ》の発展《はってん》によってますます高度《こうど》な発明《はつめい》が可能《かのう》になり、電球《でんきゅう》、電話《でんわ》、自動車《じどうしゃ》、コンピュータなどが次々《つぎつぎ》と誕生《たんじょう》。こうした発明《はつめい》の積《つ》み重《かさ》ねによって、私《わたし》たちのくらしはますます便利《べんり》で豊《ゆた》かになっていったんだ。

石器《せっき》は人類最古《じんるいさいこ》の発明《はつめい》

人類《じんるい》のくらしを大《おお》きく変《か》えた発明《はつめい》

火《ひ》おこし(約《やく》50万年前《まんねんまえ》)
文字《もじ》(紀元前《きげんぜん》3500年《ねん》ごろ)
くさび形文字《がたもじ》
象形文字《しょうけいもじ》
N
W
E
S
ABCD
EFGH
IJKL
火薬《かやく》
羅針盤《らしんばん》
活版印刷《かっぱんいんさつ》
世界《せかい》3大発明《さんだいはつめい》(15~16世紀《せいき》)
コンピュータ(20世紀《せいき》)

発明《はつめい》の進《すす》め方《かた》
①
困《こま》っている問題《もんだい》を見《み》つける（課題《かだい》の発見《はっけん》）
②
すでに存在《そんざい》する技術《ぎじゅつ》で課題《かだい》を解決《かいけつ》できるか
できない
できる
新《あたら》しい課題《かだい》を探《さが》し直《なお》す
②
課題《かだい》を解決《かいけつ》できる手段《しゅだん》を考《かんが》える
③
解決手段《かいけつしゅだん》を実現《じつげん》できる方法《ほうほう》を考《かんが》える
④
アイディアを実際《じっさい》に形《かたち》にする（試作品《しさくひん》の製作《せいさく》）
⑤
課題《かだい》を解決《かいけつ》⇒発明《はつめい》が完成《かんせい》!

必要《ひつよう》は発明《はつめい》の母《はは》！ 発明《はつめい》のヒントは身近《みぢか》にある

発明《はつめい》に興味《きょうみ》が湧《わ》いて自分《じぶん》でもやってみたくなったけど、具体的《ぐたいてき》に何《なに》をつくればいいか、また何《なに》から始《はじ》めればいいか分《わ》からない…。だからと言《い》ってあきらめてしまうのは早《はや》い！ いきなりゼロから新《あたら》しいアイディアを出《だ》すのは難《むずか》しいけど、進《すす》め方《かた》のコツさえ知《し》っていれば、誰《だれ》でも発明《はつめい》に挑戦《ちょうせん》できるよ。

みんなは「必要《ひつよう》は発明《はつめい》の母《はは》」ということわざを知《し》っているかな？ これは発明王《はつめいおう》エジソンが好《この》んで使《つか》った言葉《ことば》で、「不自由《ふじゆう》や不便《ふべん》を解決《かいけつ》する必要《ひつよう》に迫《せま》られることによって発明《はつめい》が生《う》まれる」という意味《いみ》。つまり発明《はつめい》の第一歩《だいいっぽ》は、身《み》の回《まわ》りの生活《せいかつ》で「これができなくて困《こま》っている」という問題《もんだい》を見《み》つけることなんだ。

困《こま》っている問題《もんだい》が見《み》つかったらまずは、それを解決《かいけつ》できる技術《ぎじゅつ》が存在《そんざい》するかどうか探《さが》すことが大切《たいせつ》。すでに存在《そんざい》している技術《ぎじゅつ》はほかの人《ひと》が発明《はつめい》したものだから、別《べつ》の問題《もんだい》を探《さが》し直《なお》そう。そして、解決《かいけつ》できる技術《ぎじゅつ》が存在《そんざい》しない問題《もんだい》があれば、どんなものがあれば解決《かいけつ》できるか具体的《ぐたいてき》に考《かんが》えてみよう。こうした発明《はつめい》の進《すす》め方《かた》は、中学校《ちゅうがっこう》の技術科《ぎじゅつか》でも学《まな》ぶことだよ。

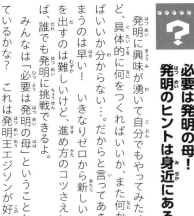

11ページからの第《だい》1章《しょう》と
27ページからの第《だい》2章《しょう》、
それぞれの
楽《たの》しみ方《かた》をチェック！

名探偵《めいたんてい》コナンの発明博士《はつめいはかせ》の楽《たの》しみ方《かた》

第《だい》1章《しょう》 コナンのまんがで発明《はつめい》グッズクイズ！

ステップ1

いろいろな
発明《はつめい》グッズが登場《とうじょう》&
活躍《かつやく》する、まんがを
楽《たの》しもう!

ステップ2

まんがを読《よ》みながら、
どんな発明《はつめい》グッズが
使《つか》われるのか
考《かんが》えよう!

ステップ3

発明《はつめい》グッズと
関連《かんれん》がある技術《ぎじゅつ》が、
どのように発明《はつめい》された
のかに注目《ちゅうもく》!

第《だい》2章《しょう》 まんが初登場《はつとうじょう》シーンでふりかえる！ 発明《はつめい》グッズコレクション

ステップ1

発明《はつめい》グッズの
貴重《きちょう》な初登場《はつとうじょう》
シーンのまんがを
ピックアップ!

ステップ2

まんがの中《なか》で、
それぞれの発明《はつめい》グッズが
どう活躍《かつやく》したかを
読《よ》もう!

ステップ3

発明《はつめい》グッズと
関連《かんれん》がある技術《ぎじゅつ》や
アイディアを収録《しゅうろく》!
要《よう》チェックだ!

第《だい》1章《しょう》 コナンのまんがで発明《はつめい》グッズクイズ!

「危《あぶ》ないかくれんぼ」

さらわれた歩美《あゆみ》ちゃん!
救出《きゅうしゅつ》する発明《はつめい》グッズを
一緒《いっしょ》に考《かんが》えてネ!

コミックス
9巻収録《かんしゅうろく》!

米《べい》花《か》公《こう》園《えん》でかくれんぼをすることになった、コナンと少《しょう》年《ねん》探《たん》偵《てい》団《だん》たちだが…。

これでキミもコナン博士《はかせ》！
名探偵《めいたんてい》コナンミニ情報《じょうほう》！

新一《しんいち》の家《いえ》の住所《じゅうしょ》・米花町《べいかちょう》2丁目《ちょうめ》21番地《ばんち》は、ミステリー小説《しょうせつ》『シャーロック・ホームズ』でホームズが住《す》んでいるロンドンの住所《じゅうしょ》・ベイカー街《がい》221B《ビー》からとられているよ。

これでキミもコナン博士《はかせ》！
名探偵《めいたんてい》コナンミニ情報《じょうほう》！

少年探偵団《しょうねんたんていだん》のメンバーが好《す》きな「仮面《かめん》ヤイバー」は、青山剛昌先生《あおやまごうしょうせんせい》が『名探偵《めいたんてい》コナン』の前《まえ》に連載《れんさい》していたまんが『YAIBA《ヤイバ》』の名前《なまえ》からとられているんだ。

事件発生《じけんはっせい》！ 歩美《あゆみ》ちゃんが怪《あや》しげな男《おとこ》たちの車《くるま》で、連《つ》れ去《さ》られてしまった!? どうするコナン!?

かくれんぼの途中《とちゅう》、公園《こうえん》の近《ちか》くに止《と》まっていた車《くるま》のトランクに隠《かく》れた歩美《あゆみ》ちゃん。なんとその車《くるま》が走《はし》り出《だ》してしまうが、コナンたちは気《き》づくことがなく…。

Question《クエスチョン》

コナンが歩美《あゆみ》ちゃんと連絡《れんらく》を取《と》るために使《つか》った発明《はつめい》グッズは？(答《こた》えは次《つぎ》のページをチェック!)

走《はし》り出《だ》した車《くるま》のトランクに取《と》り残《のこ》された歩美《あゆみ》ちゃんの無事《ぶじ》を確認《かくにん》するため、コナンは発明《はつめい》グッズを使用《しよう》! 下《した》の3つのうち、どのアイテムの効果《こうか》が活《い》かされたかな!?

Ⓐ 時計型《とけいがた》麻酔銃《ますいじゅう》

Ⓑ 探偵《たんてい》バッジ

Ⓒ 伸縮《しんしゅく》サスペンダー

問題《もんだい》の答《こた》えはB《ビー》の「探偵《たんてい》バッジ」!

歩美《あゆみ》ちゃんと連絡《れんらく》を取《と》るためにコナンが使《つか》ったのは、少年探偵団《しょうねんたんていだん》のみんなが持《も》っている「探偵《たんてい》バッジ」。小型《こがた》トランシーバーの機能《きのう》がついているぞ。

発明《はつめい》グッズの生《う》みの親《おや》・阿笠博士《あがさはかせ》とは!?

阿笠博士《あがさはかせ》は、新一《しんいち》の家《いえ》の隣《となり》に住《す》む自称《じしょう》・天才発明家《てんさいはつめいか》。コナンの正体《しょうたい》を知《し》る数少《かずすく》ない人物《じんぶつ》で、コナンたちが使《つか》っている発明《はつめい》グッズのすべてを開発《かいはつ》しているスゴイ科学者《かがくしゃ》なんだ。

◀▲コナンの正体《しょうたい》が新一《しんいち》だと気《き》づいた阿笠博士《あがさはかせ》は、正体《しょうたい》がバレないように暮《く》らすべきと忠告《ちゅうこく》する。

無《む》線《せん》機《き》の発《はつ》明《めい》と進《しん》化《か》

電《でん》波《ぱ》を利《り》用《よう》して離《はな》れた場《ば》所《しょ》と通《つう》信《しん》できる

聞《き》こえますか?
聞《き》こえますか?
アンテナ
アンテナ
送《そう》信《しん》機《き》
受《じゅ》信《しん》機《き》

無《む》線《せん》機《き》は身《み》近《ぢか》なところで活《かっ》用《よう》されている！

無線機《むせんき》とは、少年探偵団《しょうねんたんていだん》が使《つか》う探偵《たんてい》バッジのように、無線通信《むせんつうしん》を行《おこな》う機器《きき》のこと。電波《でんぱ》という空気中《くうきちゅう》を伝《つた》わる電気《でんき》エネルギーの波《なみ》を利用《りよう》し、電線《でんせん》やケーブルを使《つか》うことなく離《はな》れた場所《ばしょ》にいる相手《あいて》と音声《おんせい》で通信《つうしん》できる。送信機《そうしんき》で音声《おんせい》データを信号化《しんごうか》してアンテナから電《でん》波《ぱ》にのせて発信《はっしん》し、その信号《しんごう》をキャッチした受信機《じゅしんき》で音声《おんせい》を聞《き》くというしくみだ。基地局《きちきょく》から離《はな》れた通信圏《つうしんけん》外《がい》で電波《でんぱ》を受《う》け取《と》ることができない携帯電話《けいたいでんわ》とちがって、無線機《むせんき》は本体同士《ほんたいどうし》で直接電波《ちょくせつでんぱ》を送受信《そうじゅしん》できるよ。

今《いま》の無線機《むせんき》は送信機《そうしんき》と受信機《じゅしんき》が一体《いったい》になったタイプが主流《しゅりゅう》で、「トランシーバー」（くわしくは79ページ）とも呼《よ》ばれている。さらに利用《りよう》する目的《もくてき》でも無線機《むせんき》の種《しゅ》類《るい》は分《わ》かれるんだ。個人《こじん》が趣味《しゅみ》として楽《たの》しむアマチュア無線機《むせんき》と、ビジネスの情報伝達《じょうほうでんたつ》に使用《しよう》される業務用《ぎょうむよう》無線機《むせんき》だ。業務用無線機《ぎょうむようむせんき》は乗《の》り物《もの》で移動《いどう》する職業《しょくぎょう》の連《れん》絡手段《らくしゅだん》として使《つか》われることが多《おお》く、たとえば鉄道《てつどう》やタクシーの運転手《うんてんしゅ》が指令室《しれいしつ》や基地局《きちきょく》と通信《つうしん》を行《おこな》ったり、

さらにパトカーや消防車《しょうぼうしゃ》などの緊急車両《きんきゅうしゃりょう》が本部《ほんぶ》と交《こう》信《しん》するために利用《りよう》されているよ。

無線《むせん》通信《つうしん》に用《もち》いる電波《でんぱ》はどうやって見《み》つかった？

ところで、電波《でんぱ》という目《め》に見《み》えないものは、いったい誰《だれ》がどうやって発見《はっけん》したのか？　その人物《じんぶつ》は、音《おと》の周《しゅう》波《は》数《すう》の単《たん》位《い》を表《あらわ》すヘルツ（Hz）の由来《ゆらい》にもなったドイツの物理学者《ぶつりがくしゃ》ハインリヒ・ヘルツだ。

1888年《ねん》、ヘルツが金属棒《きんぞくぼう》に高《たか》い電圧《でんあつ》を加《くわ》えて火《ひ》花《ばな》を起《お》こしたところ、近《ちか》くにあった金属《きんぞく》の隙間《すきま》にも火《ひ》花《ばな》が発生《はっせい》した。それぞれの金属《きんぞく》が直接《ちょくせつ》つながっていないのにこうした現象《げんしょう》が起《お》きたのは、金属棒《きんぞくぼう》から火花《ひばな》として発《はっ》せられた電気《でんき》が、空気中《くうきちゅう》を通《つう》じて別《べつ》の金属《きんぞく》に伝《つた》わったから。そう確信《かくしん》したヘルツは専用《せんよう》の実験器具《じっけんきぐ》を自《みずか》ら開発《かいはつ》し、火花《ひばな》を発《はっ》する放射器《ほうしゃき》と受信《じゅしん》する共振器《きょうしんき》との距離《きょり》や向《む》きを変《か》えたり、あるいは物《もの》でさえぎるなどいろんな条件《じょうけん》で実験《じっけん》を重《かさ》ね、電気《でんき》が起《お》こす波《なみ》を観察《かんさつ》し記録《きろく》した。そして、電気《でんき》と磁気《じき》が絡《から》まってできる電《でん》磁波《じは》（電波《でんぱ》）の存在《そんざい》や性質《せいしつ》を明《あき》らかにしたんだ。

ただし、熱心《ねっしん》な学者《がくしゃ》だったヘルツは実験《じっけん》や研究《けんきゅう》以外《いがい》にあまり関心《かんしん》がなく、「電波《でんぱ》が今後《こんご》何《なに》かの役《やく》に立《た》つか」と質問《しつもん》されても答《こた》えが思《おも》いつかず「たぶん何《なに》もない」としか答《こた》えられなかったんだ。

ハインリヒ・ヘルツ

ドイツの物理学者《ぶつりがくしゃ》。ほかの物理学者《ぶつりがくしゃ》が予測《よそく》した電波《でんぱ》の存在《そんざい》を証明《しょうめい》。名前《なまえ》が周《しゅう》波数《はすう》を示《しめ》す単位《たんい》にも採用《さいよう》された。

ヘルツが電波《でんぱ》を見《み》つけた実験《じっけん》

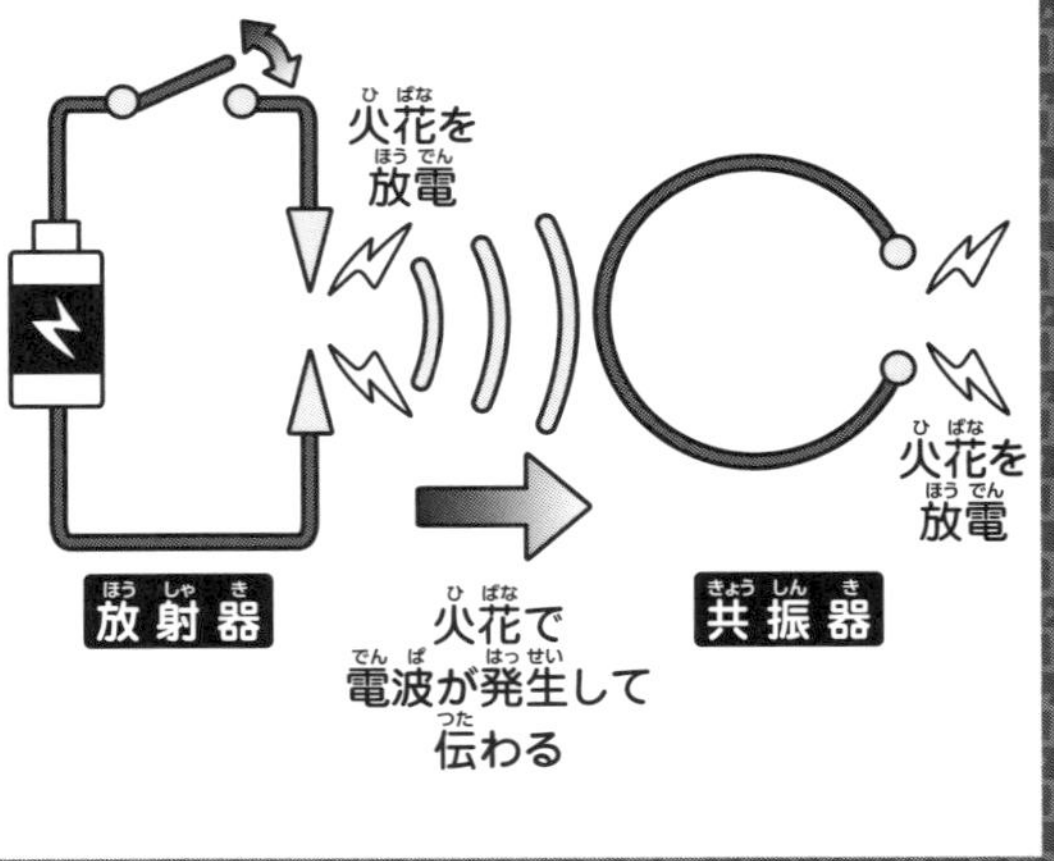

火花《ひばな》を放電《ほうでん》
放射器《ほうしゃき》
火花《ひばな》で電波《でんぱ》が発生《はっせい》して伝《つた》わる
共振器《きょうしんき》
火花《ひばな》を放電《ほうでん》

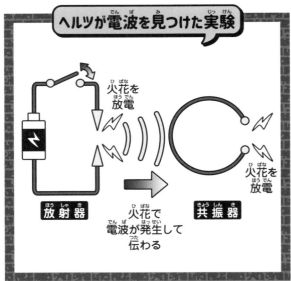

無線電信機《むせんでんしんき》を発明《はつめい》したのは科学好《かがくず》きの青年《せいねん》マルコーニ

電波《でんぱ》の実用的《じつようてき》な価値《かち》に初《はじ》めて気《き》づいたのは、イタリアの裕福《ゆうふく》な家庭《かてい》で育《そだ》った科学好《かがくず》きの青年《せいねん》グリエルモ・マルコーニだった。１８９４年《ねん》、20歳《はたち》のマルコーニはヘルツの実験《じっけん》に関《かん》する記事《きじ》を読《よ》み、当時行《とうじおこな》われていた電信《でんしん》(有線《ゆうせん》でのモールス信号通信《しんごうつうしん》)を「電波《でんぱ》を使《つか》えば無線《むせん》でも通信《つうしん》ができるのでは?」というアイディアを思《おも》いつ

いた。そこで、実業家《じつぎょうか》でもあった父《ちち》の融資《ゆうし》を受《う》け、アンテナから電波《でんぱ》を放《はな》つ無線機《むせんき》を開発《かいはつ》して改良《かいりょう》をくり返《かえ》し、１８９５年《ねん》には約《やく》２・４km離《キロメートルはな》れた場所《ばしょ》との無線通信《むせんつうしん》に成功《せいこう》した。

しかし、マルコーニはこれだけで満足《まんぞく》しなかった。自《みずか》ら開発《かいはつ》した技術《ぎじゅつ》にビジネスチャンスがあると信《しん》じ、海上通信《かいじょうつうしん》を目的《もくてき》とする無線電信信号会社《むせんでんしんしんごうかいしゃ》をイギリスで設立《せつりつ》。マルコーニの狙《ねら》いは的中《てきちゅう》し、港《みなと》を出《で》た船《ふね》が無線機《むせんき》で電報《でんぽう》を打《う》ったり受《う》け取《と》るという通信手段《つうしんしゅだん》として船舶会社《せんぱくかいしゃ》に採用《さいよう》された。そして１９０１年《ねん》には、遠《とお》くまで電波《でんぱ》が届《とど》く巨大《きょだい》なアンテナをつくり、大西洋《たいせいよう》を隔《へだ》てて３２００km離《キロメートルはな》れたイギリスと北《きた》アメリカの間《あいだ》での無線通信《むせんつうしん》にチャレンジ。見事実験《みごとじっけん》に成功《せいこう》したマルコーニは世界中《せかいじゅう》の注目《ちゅうもく》を浴《あ》び、１９０９年《ねん》にはその業績《ぎょうせき》を認《みと》められノーベル物理学賞《ぶつりがくしょう》を受賞《じゅしょう》したよ。

グリエルモ・マルコーニ

イタリアの発明家《はつめいか》。ヘルツが発見《はっけん》した電波《でんぱ》を利用《りよう》して無線通信《むせんつうしん》を開発《かいはつ》し、その技術《ぎじゅつ》で起業家《きぎょうか》としても成功《せいこう》した。

無線《むせん》で音声《おんせい》を送《おく》る無線電話機《むせんでんわき》は日本《にほん》で初《はじ》めて実用化《じつようか》された！

マルコーニの成功《せいこう》を受《う》けて各国《かっこく》で無線通信《むせんつうしん》の開発《かいはつ》が進《すす》められたが、当時《とうじ》の無線通信技術《むせんつうしんぎじゅつ》では安定《あんてい》した周波数《しゅうはすう》が得《え》られにくく、音声《おんせい》を送受信《そうじゅしん》することは難《むずか》しかった。そんな中《なか》、日本《にほん》の逓信省電気試験所《ていしんしょうでんきしけんじょ》に勤《つと》める鳥潟《とりがた》右一《ういち》、横山英太郎《よこやまえいたろう》、北村政治郎《きたむらまさじろう》の3人《にん》が、1912年《ねん》に音声《おんせい》を伝送《でんそう》する技術《ぎじゅつ》の発明《はつめい》に挑戦《ちょうせん》したんだ。

その頃《ころ》、電線《でんせん》でつなぐ有線電話《ゆうせんでんわ》がすでに普及《ふきゅう》していて、音声《おんせい》を電気信号《でんきしんごう》に変換《へんかん》してから再《ふたた》び音声《おんせい》に復元《ふくげん》する技術《ぎじゅつ》が確立《かくりつ》されていた。3人《にん》は直流式火花放電間隙《ちょくりゅうしきひばなほうでんかんげき》という技術《ぎじゅつ》を利用《りよう》して電波《でんぱ》を持続的《じぞくてき》に発生《はっせい》させ、電気信号《でんきしんごう》の音声《おんせい》を無線《むせん》で送受信《そうじゅしん》することに成功《せいこう》。こうして発明《はつめい》された無線電話機《むせんでんわき》は3人《にん》のイニシャルから「TYK《ティーワイケー》式無線電話機《しきむせんでんわき》」と呼《よ》ばれ、海上《かいじょう》を航行《こうこう》する船舶《せんぱく》の情報《じょうほう》交換《こうかん》などに用《もち》いられたよ。

Ⓚ **北村政治郎《きたむらまさじろう》**

逓信省電気試験所《ていしんしょうでんきしけんじょ》の係長《かかりちょう》。電信電話装置《でんしんでんわそうち》の開発《かいはつ》に携《たずさ》わり、ラジオ放送《ほうそう》の技術発展《ぎじゅつはってん》と普及《ふきゅう》にも貢献《こうけん》した。

Ⓨ **横山英太郎《よこやまえいたろう》**

逓信省電気試験所《ていしんしょうでんきしけんじょ》の技師《ぎし》。無線電信《むせんでんしん》の受信機《じゅしんき》に用《もち》いるコヒーラを研究《けんきゅう》した後《のち》、TYK式無《ティーワイケーしきむ》線電話機《せんでんわき》の発明《はつめい》に携《たずさ》わった。

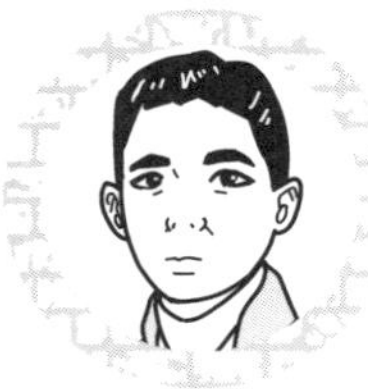

Ⓣ **鳥潟右一《とりがたういち》**

逓信省電気試験所《ていしんしょうでんきしけんじょ》の主任技師《しゅにんぎし》。TYK式無《ティワイケーしきむ》線電話機《せんでんわき》以外《いがい》にも、電力線《でんりょくせん》搬送電話《はんそうでんわ》など数々《かずかず》の発明《はつめい》にも成功《せいこう》した。

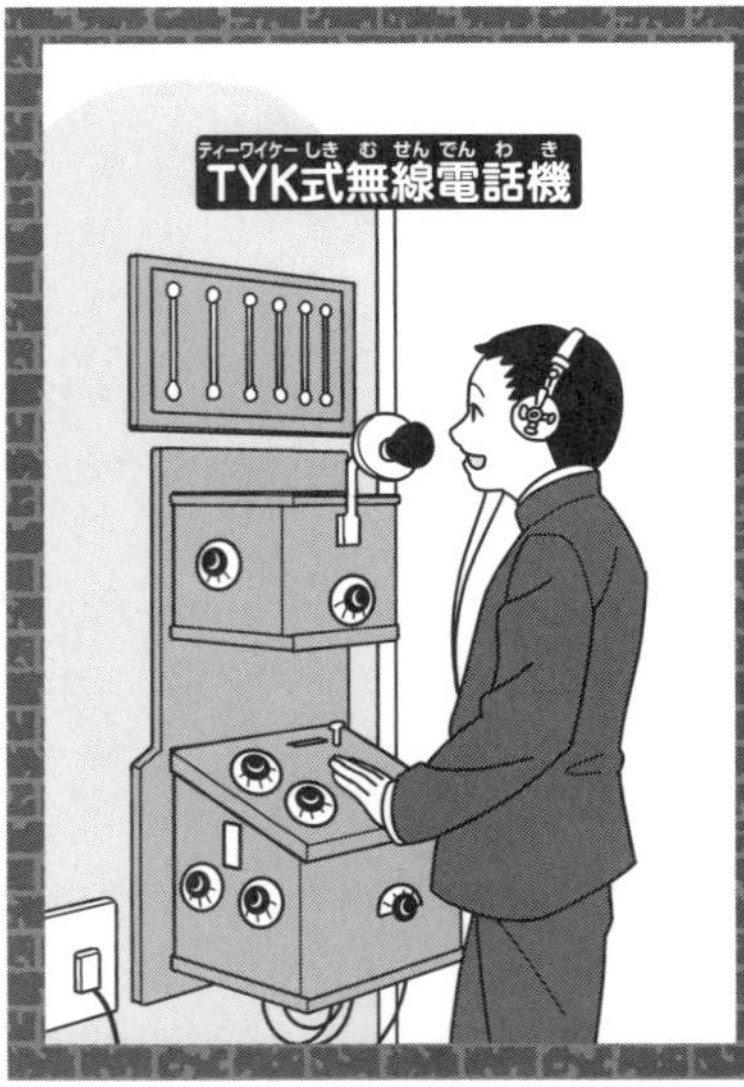

歩美《あゆみ》ちゃんの居場所《いばしょ》は少女《しょうじょ》連続《れんぞく》殺人犯《さつじんはん》の車《くるま》のトランクの中《なか》!?

「探偵《たんてい》バッジ」で歩美《あゆみ》ちゃんと連絡《れんらく》が取《と》れたコナン。しかし車《くるま》のトランクの中《なか》には、たくさんのお金《かね》と女《おんな》の人《ひと》の首《くび》があった!? 車《くるま》の持《も》ち主《ぬし》は超《ちょう》キケンな犯罪者《はんざいしゃ》なのか!?

Question《クエスチョン》

車《くるま》の中《なか》にいる歩美《あゆみ》ちゃんを救出《きゅうしゅつ》するためコナンが選《えら》んだ発明品《はつめいひん》は!?（答《こた》えは次《つぎ》のページをチェック!）

早《はや》く車《くるま》を追《お》いかけて救出《きゅうしゅつ》しなければ、歩美《あゆみ》ちゃんが危《あぶ》ない! そこで、コナンの持《も》つ発明《はつめい》グッズが力《ちから》を発揮《はっき》だ! ただし使《つか》われる発明《はつめい》グッズは、ひとつとは限《かぎ》らないぞ!!

A 蝶《ちょう》ネクタイ型《がた》変声機《へんせいき》

B 犯人追跡《はんにんついせき》メガネ

C ターボエンジン付《つ》きスケートボード

答《こた》えはB《ビー》の「犯人《はん にん》追跡《つい せき》メガネ」とC《シー》の「ターボエンジン付《つ》きスケートボード」!

「犯人追跡《はんにんついせき》メガネ」で、歩美《あゆみ》ちゃんが乗《の》っている車《くるま》の位置《いち》を特定《とくてい》! その場所《ばしょ》へ「ターボエンジン付《つ》きスケートボード」で、一気《いっき》に駆《か》けつけ事件《じけん》を解決《かいけつ》!!

「ターボエンジン付《つ》きスケートボード」は数多《かずおお》くのエピソードで大活躍《だいかつやく》!!

ターボエンジンのパワーを活《い》かして、自動《じどう》車《しゃ》なみのスピードでの走行《そうこう》が可能《かのう》! 子《こ》ども姿《すがた》のコナンの移動手段《いどうしゅだん》として活用《かつよう》されている。

▶歩美《あゆみ》ちゃんを追《お》いかける場面《ばめん》では、元太《げんた》と光彦《みつひこ》もいっしょに乗《の》って爆走《ばくそう》した!!

エンジンの発明《はつめい》と進化《しんか》

エンジンが動《うご》くしくみ

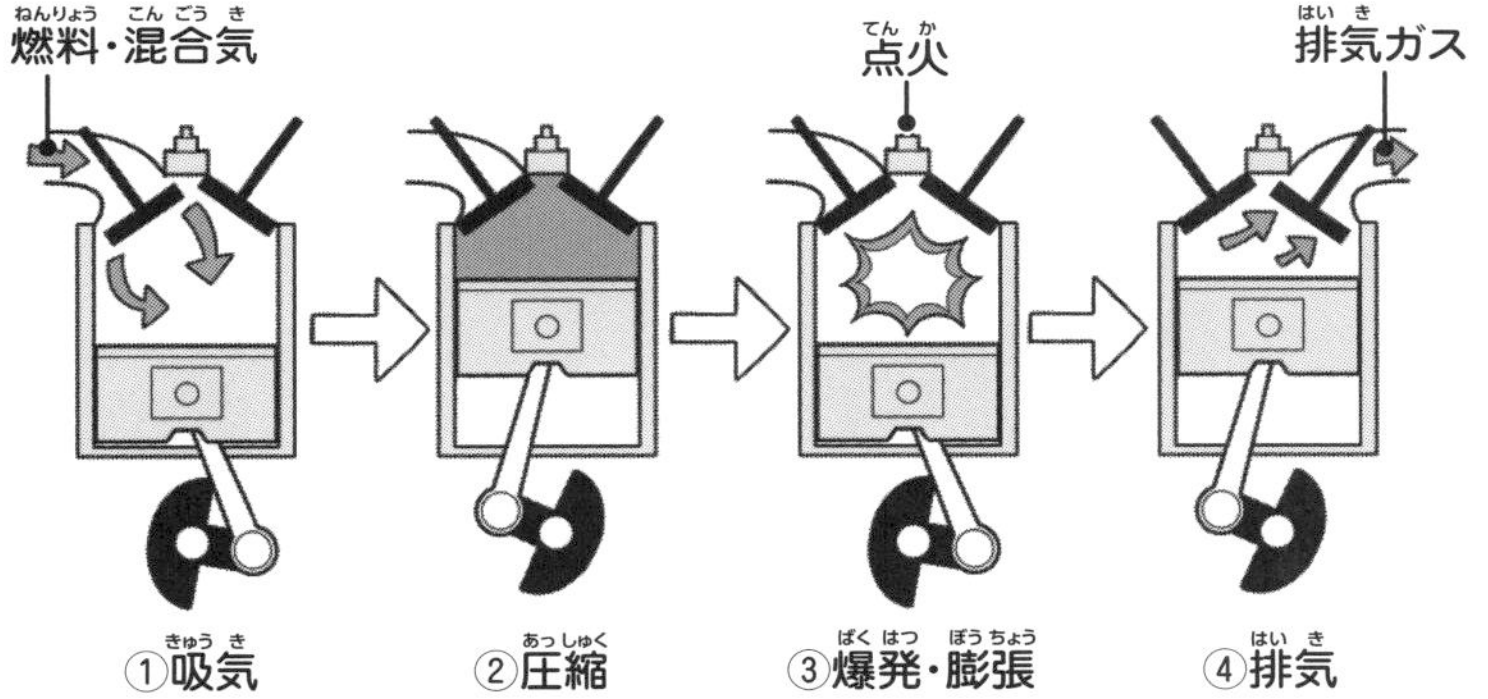
燃料《ねんりょう》・混合気《こんごうき》
点火《てんか》
排気《はいき》ガス
①吸気《きゅうき》
②圧縮《あっしゅく》
③爆発《ばくはつ》・膨張《ぼうちょう》
④排気《はいき》

自動車《じどうしゃ》のエンジンルーム

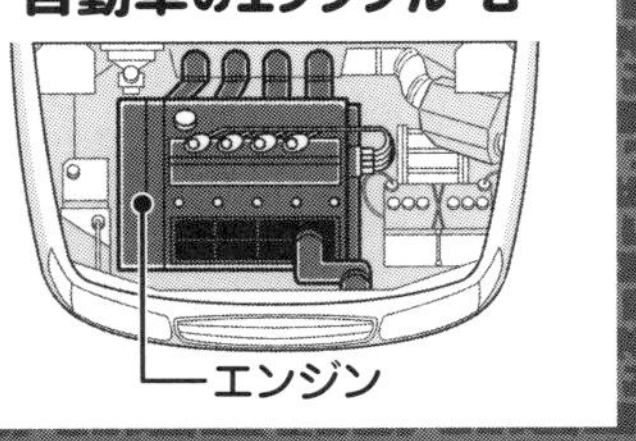
エンジン

「エンジンの基本的《きほんてき》な仕組《しく》みを理解《りかい》しよう!!」

コナンが乗《の》る「ターボエンジン付《つ》きスケートボード」の動力源《どうりょくげん》で、自動車《じどうしゃ》などにも使《つか》われているエンジン。これはどんな仕組《しく》みで動《うご》いているのか。その動《うご》きは、上《うえ》のイラストのように分《わ》かれているぞ。

　まず①でシリンダー内《ない》にガソリンなどの燃料《ねんりょう》と空《くう》気《き》を取《と》り込《こ》み、2つが混《ま》ざった混合気《こんごうき》を作《つく》る。これを「吸気《きゅうき》」と呼《よ》ぶぞ。②で混合気《こんごうき》を「圧縮《あっしゅく》」して燃《も》えやすくする。③で圧縮《あっしゅく》した混合気《こんごうき》に火《ひ》をつけて、「爆発《ばくはつ》」のように燃《も》やして力《ちから》を出《だ》す。④で燃《も》えた混合《こんごう》ガスを「排《はい》気《き》」する。これがいわゆる排気《はいき》ガスなんだ。

　エンジンの中《なか》では①〜④の行程《こうてい》が連続《れんぞく》で行《おこな》われている。一連《いちれん》の動作《どうさ》で起《お》こるピストンの上下運動《じょうげうんどう》がクランクシャフトの回転力《かいてんりょく》となり、そこで生《う》まれるエネルギーが、動力源《どうりょくげん》になっているぞ。

初《はじ》めて作《つく》られた自動車《じどうしゃ》は蒸気機関《じょうききかん》エンジンを搭載《とうさい》!!

自動車《じどうしゃ》などに使《つか》われるエンジンは、発明《はつめい》された当初《とうしょ》からガソリンや軽油《けいゆ》を燃料《ねんりょう》にして動《うご》いていたわけではない。18世紀《せいき》に発明《はつめい》された世界初《せかいはつ》の自動車《じどうしゃ》には、蒸気機関《じょうききかん》のエンジンが搭載《とうさい》されていたんだ。

蒸気《じょうき》エンジン開発《かいはつ》のきっかけを作《つく》ったのは、スコットランドの大学《だいがく》で機械技師《きかいぎし》として働《はたら》いていたジェームズ・ワットという青年《せいねん》。彼《かれ》は当時《とうじ》炭鉱《たんこう》の湧《わ》き水汲《みずく》み上《あ》げに使《つか》われていた蒸気《じょうき》を動力《どうりょく》とする「ニューコメン機《き》関《かん》(エンジン)」を修理《しゅうり》。「ニューコメン機関《きかん》」は左《ひだり》の図《ず》のようにひとつのシリンダーで蒸気《じょうき》を温《あたた》めたり冷《ひ》やしたりする仕組《しく》みで、石炭《せきたん》などの燃料《ねんりょう》が多《おお》く必要《ひつよう》だった。ワットは空《そら》に浮《う》かぶ雲《くも》からヒントを得《え》て、シリンダーの中《なか》に蒸気《じょうき》を閉《と》じ込《こ》めるのではなく、流《なが》れる雲《くも》のように移動《いどう》させる方法《ほうほう》を発案《はつあん》。そしてシリンダー内《ない》で温《あたた》められた蒸気《じょうき》を別《べつ》の容器《ようき》「復水器《ふくすいき》」に移動《いどう》させてシリンダー内《ない》の高温《こうおん》を保《たも》ち、蒸気《じょうき》を移動《いどう》させた容《よう》器《き》は低温《ていおん》を保《たも》つアイディアを発案《はつあん》。これが新《あたら》しい蒸《じょう》気機関《ききかん》の原型《げんけい》となり、世界《せかい》初《はつ》となる「キュニョーの蒸《じょう》気自動車《きじどうしゃ》」が作《つく》られたぞ。

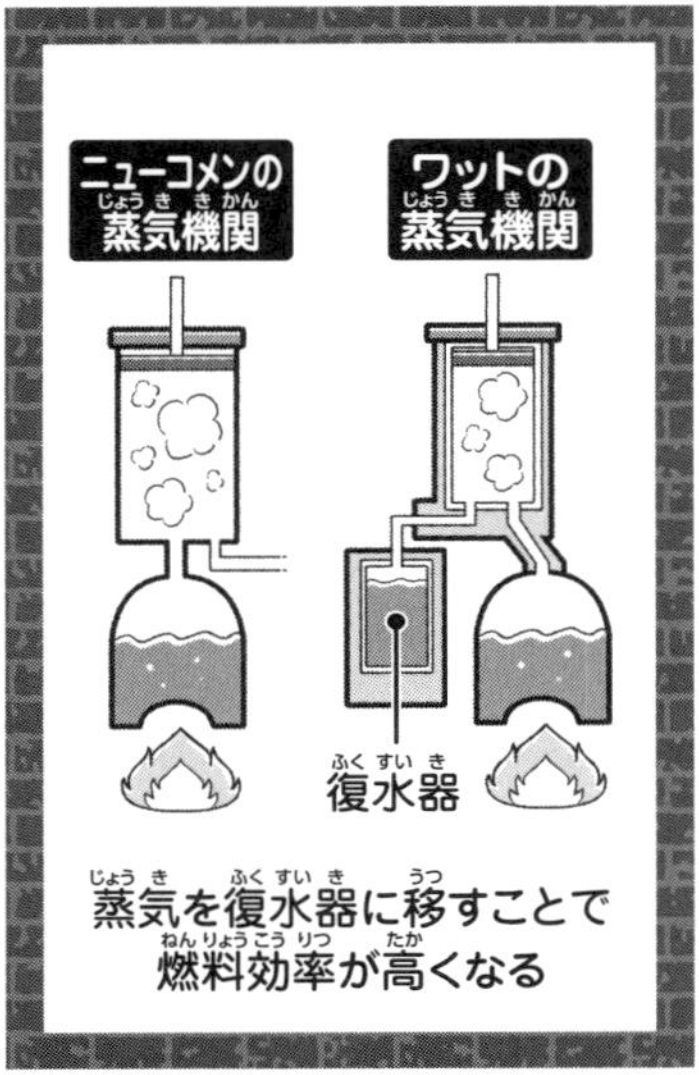

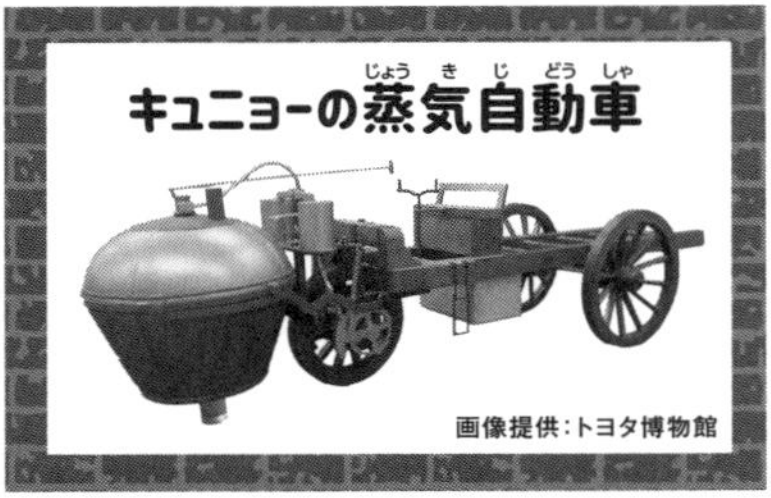

画像提供:トヨタ博物館

ジェームズ・ワット

1736年《ねん》スコットランド生《う》まれ。1776年《ねん》に新《あたら》しい蒸気機関《じょうききかん》を開発《かいはつ》。その発明《はつめい》は蒸気機関車《じょうききかんしゃ》や蒸気船《じょうきせん》、自動車《じどうしゃ》などに使《つか》われた。

ガソリンエンジンを発明《はつめい》したのは現代《げんだい》でもおなじみの〝ベンツ〟!!

1769年《ねん》に開発《かいはつ》された「キュニョーの蒸気自動車《じょうきじどうしゃ》」から始《はじ》まった蒸気自動車《じょうきじどうしゃ》はその後少《ごすこ》しずつ改良《かいりょう》が進《すす》み、同《おな》じころ電気自動車《でんきじどうしゃ》も開発《かいはつ》されていた。ただ、蒸気《じょうき》自動車《じどうしゃ》は車体《しゃたい》が大《おお》きくて重《おも》い、電気自動車《でんきじどうしゃ》は航続距離《こうぞくきょり》が短《みじか》いという欠点《けってん》があった。そのため技術者《ぎじゅつしゃ》たちは新《あたら》しい動力源《どうりょくげん》のエンジンを開発《かいはつ》する必要《ひつよう》があった。

蒸気《じょうき》や電気《でんき》の欠点《けってん》を解消《かいしょう》する発明《はつめい》として最初《さいしょ》に登《とう》場《じょう》したのが1860年《ねん》にフランスのエティエンヌ・ルノワールが特許《とっきょ》を得《え》た「ガスエンジン」。石炭《せきたん》ガスをシリンダー内《ない》で燃焼《ねんしょう》させて動力《どうりょく》を得《え》る作《つく》りで、現代《げんだい》のエンジンに近《ちか》いものだった。蒸気《じょうき》エンジンと比《くら》べ、はるかに軽量《けいりょう》コンパクトだったけれど安《あん》定《てい》して稼働《かどう》させるのは難《むずか》しく、技術的課題《ぎじゅつてきかだい》は多《おお》かった。

そのガスエンジンをドイツのニコラス・アウグスト・オットーが研究《けんきゅう》・改良《かいりょう》。1877年《ねん》に効率的《こうりつてき》な新型《しんがた》ガスエンジンを開発《かいはつ》して新《あら》たな特許《とっきょ》を取得《しゅとく》。販売《はんばい》も開始《かいし》してビジネスとしても成《せい》功《こう》を収《おさ》めた。これはガソリンエンジンの原型《げんけい》といわれ、オットーサイクルと呼《よ》ばれているんだ。

オットーサイクルのエンジンをさらに発展《はってん》させたのが、技術者《ぎじゅつしゃ》のカール・ベンツ。彼《かれ》はガスエンジンのさらなる軽量小型化《けいりょうこがたか》に成功《せいこう》したが、一方《いっぽう》でガスエンジンに限界《げんかい》も感《かん》じていた。そこでより軽量《けいりょう》なガソリンエンジンの開発《かいはつ》に着手《ちゃくしゅ》し、三輪自動車《さんりんじどうしゃ》を完成《かんせい》。1886年《ねん》に特許《とっきょ》を取得《しゅとく》し、世界初《せかいはつ》のガソリン自動車《じどうしゃ》を作《つく》った技《ぎ》術者《じゅつしゃ》という栄誉《えいよ》を得《え》た。一方《いっぽう》、カール・ベンツの妻《つま》、ベルタ・ベンツもガソリンエンジン車《しゃ》の開発《かいはつ》に一役買《ひとやくか》っている。彼女《かのじょ》は馬車《ばしゃ》の時代《じだい》にエンジン付《つ》き三輪自動車《さんりんじどうしゃ》に乗《の》り、180km離《キロメートルはな》れた親戚《しんせき》の家《いえ》を訪《おとず》れている。道中《どうちゅう》に何《なん》度《ど》もトラブルに見《み》まわれるも、燃料《ねんりょう》のベンジンを薬局《やっきょく》で買《か》うなど、創意工夫《そういくふう》して解決《かいけつ》。その薬局《やっきょく》は現在《げんざい》でも残《のこ》っているらしい。

ルノアールのガスエンジン車《しゃ》

ベンツ パテント モトールヴァーゲン

画像提供：トヨタ博物館

次世代《じせだい》エンジンはガソリン×電気《でんき》のパワーで力強《ちからづよ》く走行《そうこう》!!

現代《げんだい》のエンジンはまったく新《あたら》しい仕組《しく》みへと進化《しんか》を遂《と》げている。その代表例《だいひょうれい》が、日産《にっさん》が次世代《じせだい》自動車《じどうしゃ》のために開発《かいはつ》した、ガソリンエンジンと電動《でんどう》モーターを融合《ゆうごう》した電動《でんどう》パワートレイン「e-POWER《イーパワー》」。今《いま》までどおり充電《じゅうでん》が必要《ひつよう》なく、ガソリンエンジンで発電《はつでん》、その電力《でんりょく》で大出力《だいしゅつりょく》モーターを回《まわ》し自動車《じどうしゃ》を動《うご》かしている。

「e-POWER《イーパワー》」は発進《はっしん》から中速域《ちゅうそくいき》の間《あいだ》はバッテリーの電力《でんりょく》を使《つか》いモーターを回転《かいてん》。高速域《こうそくいき》に入《はい》ったらガソリンエンジンを始動《しどう》し発電《はつでん》することでエンジンの作動《さどう》時間《じかん》を減《へ》らし、さらに最《もっと》も効率《こうりつ》の良《よ》い回転数《かいてんすう》で発電《はつでん》することで低燃費《ていねんび》を実現《じつげん》しているんだ。また、一般的《いっぱんてき》なハイブリッドシステムの自動車《じどうしゃ》よりも高出力《こうしゅつりょく》なモーターでタイヤを動《うご》かしているため、レスポンスの良《よ》い力強《ちからづよ》い走《はし》りを実現《じつげん》しているよ。

e-POWER《イーパワー》システム

画像提供：日産自動車株式会社

e-POWER《イーパワー》とこれまでの自動車《じどうしゃ》エンジンのちがい

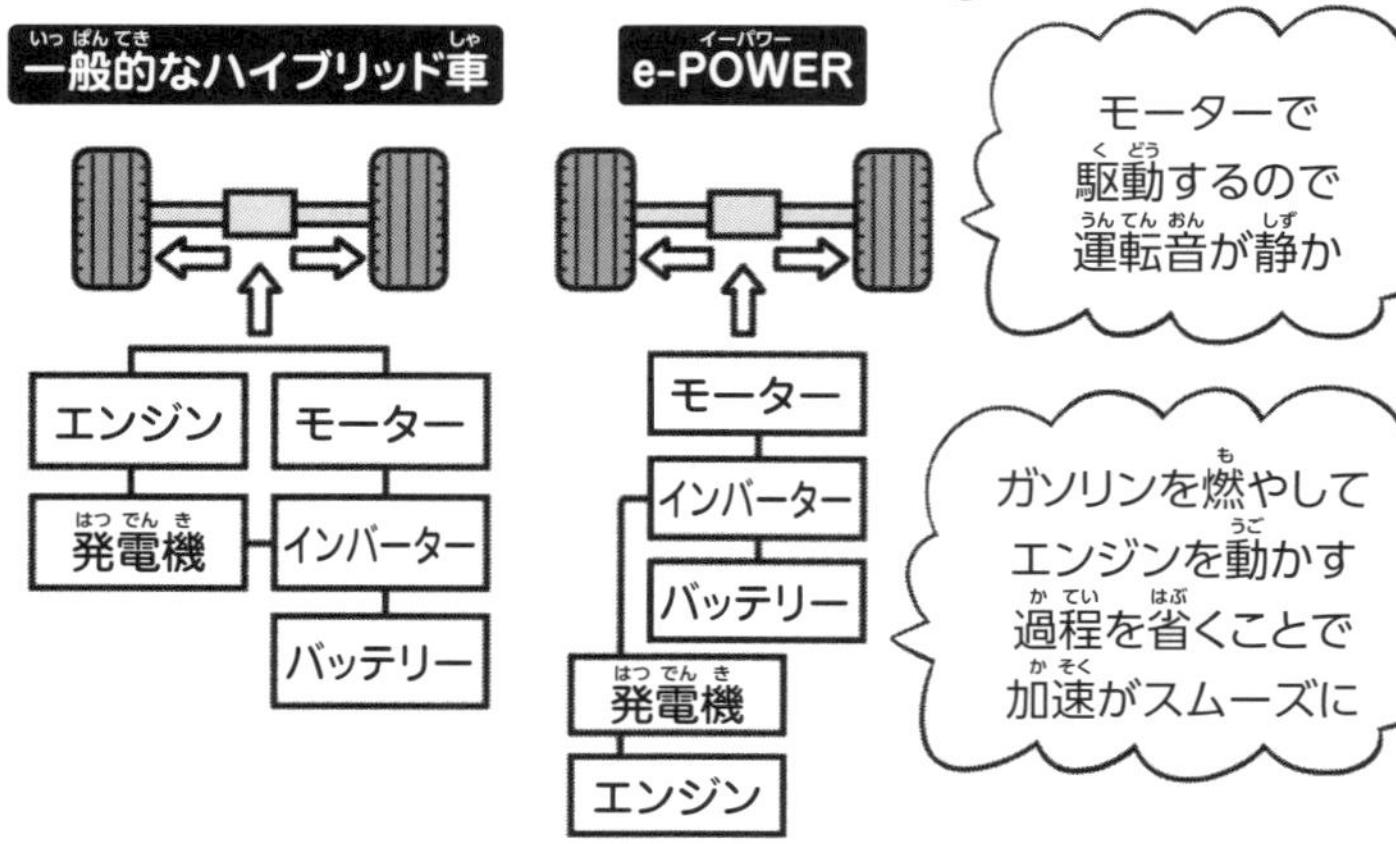

一般的《いっぱんてき》なハイブリッド車《しゃ》
エンジン
モーター
発電機《はつでんき》
インバーター
バッテリー
e-POWER《イーパワー》
モーター
インバーター
バッテリー
発電機《はつでんき》
エンジン
モーターで駆動《くどう》するので運転音《うんてんおん》が静《しず》か
ガソリンを燃《も》やしてエンジンを動《うご》かす過程《かてい》を省《はぶ》くことで加速《かそく》がスムーズに

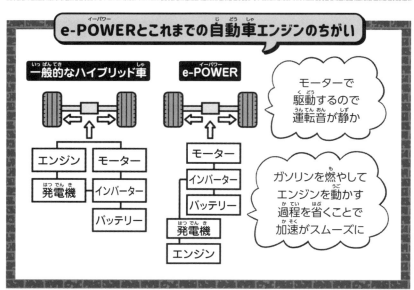

ここからは
コナンの発明《はつめい》グッズを
ご紹介《しょうかい》!!

第《だい》2章《しょう》 まんが初登場《はつとうじょう》シーンでふりかえる!

発明《はつめい》グッズコレクション

「迷探偵《めいたんてい》を名探偵《めいたんてい》に」

コナンにとって最初《さいしょ》の発明品《はつめいひん》は!?

コミックス
1巻《かん》から
登場《とうじょう》!

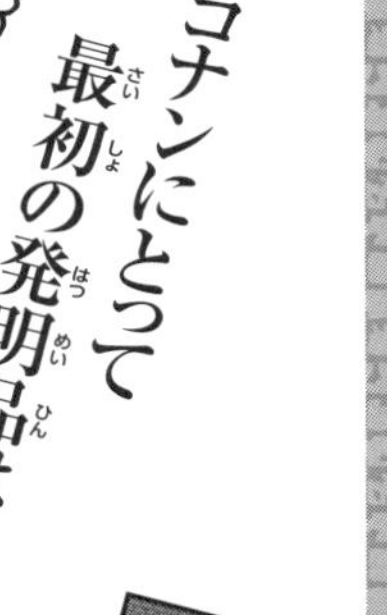

相棒度《あいぼうど》
NO.1

発明品《はつめいひん》01 [蝶《ちょう》ネクタイ型変声機《がたへんせいき》]

蝶《ちょう》ネクタイの裏《うら》にあるダイヤルを調節《ちょうせつ》して、変幻自在《へんげんじざい》に声色《こわいろ》を変《か》えられる発明《はつめい》グッズ。毛利小五郎《もうりこごろう》などの声《こえ》は予《あらかじ》め登録《とうろく》されているよ。

子《こ》どもの姿《すがた》では何《なに》もできないコナンに、阿笠博士《あがさはかせ》が渡《わた》した発明品《はつめいひん》がコレ!!

「蝶《ちょう》ネクタイ型《がた》変声機《へんせいき》」の力《ちから》で誕生《たんじょう》した名探偵《めいたんてい》・毛利小五郎《もうりこごろう》!!

事件《じけん》の真相《しんそう》を突《つ》き止《と》めても、子《こ》どもの姿《すがた》なので説明《せつめい》できないコナン。「蝶《ちょう》ネクタイ型変声機《がたへんせいき》」で小五郎《こごろう》に成《な》り代《か》わるぞ!

小五郎《こごろう》が眠《ねむ》っている間《あいだ》にコナンが事件《じけん》を解決《かいけつ》!!

小五郎《こごろう》が気絶《きぜつ》している間《あいだ》に「蝶《ちょう》ネクタイ型《がた》変声機《へんせいき》」の声《こえ》で事件《じけん》を解決《かいけつ》! この方法《ほうほう》を続《つづ》けた結果《けっか》、小五郎《こごろう》は名探偵《めいたんてい》と呼《よ》ばれるように。

事件《じけん》の解決《かいけつ》だけでなく新一《しんいち》と蘭《らん》をつなぐ絆《きずな》にも!!

「蝶《ちょう》ネクタイ型変声機《がたへんせいき》」は、コナンの声《こえ》を新一《しんいち》の声《こえ》に変《か》えることもできた。長《なが》い間《あいだ》、新一《しんいち》の姿《すがた》で会《あ》えていない蘭《らん》との、唯一《ゆいいつ》のつながりを持《も》てるアイテムにもなっていく。

声質変換技術《せいしつへんかんぎじゅつ》の発明《はつめい》と進化《しんか》

声質変換技術《せいしつへんかんぎじゅつ》の活用例《かつようれい》

配信番組《はいしんばんぐみ》のナレーション

テーマパークやショーのキャラクター

好《す》きな歌手《かしゅ》の声《こえ》で歌《うた》う

他人《たにん》の声《こえ》になりきる技術《ぎじゅつ》は現在《げんざい》も大《おお》きく進化中《しんかちゅう》!!

ネクタイ裏《うら》のダイヤルを調節《ちょうせつ》して、変幻自在《へんげんじざい》に声《こえ》を変《か》えられる「蝶《ちょう》ネクタイ型変声機《がたへんせいき》」。コナンが毛利小五郎《もうりこごろう》になりすまして事件《じけん》を解決《かいけつ》する場面《ばめん》などで使《つか》われる、おなじみの発明《はつめい》グッズだ。話《はな》している人《ひと》の声質《せいしつ》だけを別人《べつじん》のものに変換《へんかん》する技術《ぎじゅつ》は「声質変換技術《せいしつへんかんぎじゅつ》」と呼《よ》ばれ、メディアやエンターテイメントの現場《げんば》で使《つか》われ始《はじ》めている発明《はつめい》なんだ。

そのひとつが、テレビの番組制作《ばんぐみせいさく》やYouTube《ユーチューブ》などの動画配信《どうがはいしん》。声質変換技術《せいしつへんかんぎじゅつ》で別人《べつじん》やアニメやゲームなどのキャラになりきって会話《かいわ》やナレーションができるので、これまで以上《いじょう》に自由《じゆう》な番組《ばんぐみ》や動画《どうが》の作成《さくせい》が可能《かのう》になるぞ。現在人気《げんざいにんき》のVtuber《ブイチューバー》なども配信《はいしん》で使用《しよう》しているんだ。この技術《ぎじゅつ》は映画作成《えいがさくせい》でも使《つか》われていて、ハリウッドでは亡《な》くなった役者《やくしゃ》の声《こえ》を他《ほか》の人《ひと》の声《こえ》から変換《へんかん》して劇中《げきちゅう》で使用《しよう》した例《れい》がある。

他《ほか》では、テーマパークで行《おこな》われる人気《にんき》キャラの音声《おんせい》を使《つか》ったショーでも声質変換技術《せいしつへんかんぎじゅつ》が使《つか》われている。将来《しょうらい》はカラオケでも、好《す》きな歌手《かしゅ》やキャラの声《こえ》になりきって歌《うた》えるようになるといわれているぞ。

最《もっと》もシンプルな「声質変換技術《せいしつへんかんぎじゅつ》」ボイスチェンジャー!!

「声質変換技術《せいしつへんかんぎじゅつ》」の中《なか》でも、話《はな》している人《ひと》の声質《せいしつ》を単純《たんじゅん》に別《べつ》のものに変《か》えてしまうというタイプがある。こちらは「ボイスチェンジャー」という装置《そうち》で、昔《むかし》から使《つか》われていたんだ。この技術《ぎじゅつ》は、テレビ番組《ばんぐみ》で自分《じぶん》の身《み》元《もと》を明《あ》かしたくない人《ひと》のインタビューなどで使用《しよう》されたり、子《こ》ども向《む》けのおもちゃなどに使《つか》われている。比《ひ》較的《かくてき》多《おお》くの人《ひと》に馴染《なじ》みがある技術《ぎじゅつ》なんだ。

ボイスチェンジャーは、まず人《ひと》の声《こえ》が持《も》つ音《おと》の揺《ゆ》らぎを周波数領域《しゅうはすうりょういき》に変換《へんかん》。その周波数《しゅうはすう》の値《あたい》を変化《へんか》させたあと、再度音声《さいどおんせい》に戻《もど》すことで、人《ひと》の声《こえ》の高《たか》さや低《ひく》さ、太《ふと》さや細《ほそ》さを変《か》えるんだ。この方法《ほうほう》では声自体《こえじたい》は変《か》えられる。ただ、コナンが使《つか》う「蝶《ちょう》ネクタイ型変声機《がたへんせいき》」のように、特《とく》定《てい》の声《こえ》に変《か》えるのは困《こん》難《なん》だった。

ボイスチェンジャー
周波数《しゅうはすう》を調整《ちょうせい》して
異《こと》なる声《こえ》をつくる

声《こえ》の周波数《しゅうはすう》を変《か》えると聞《き》こえ方《かた》が変《か》わる

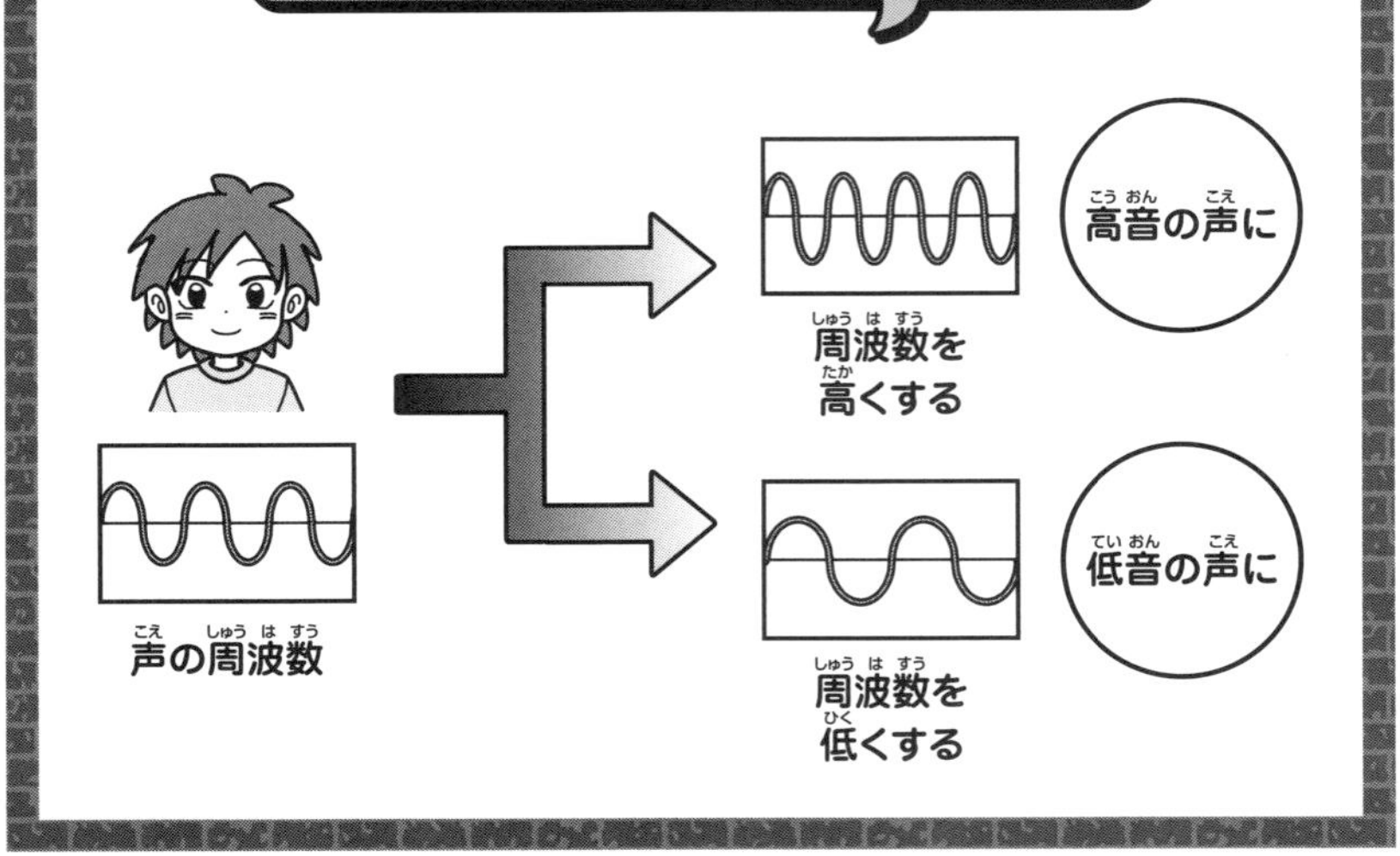

声《こえ》の周波数《しゅうはすう》
周波数《しゅうはすう》を高《たか》くする
高音《こうおん》の声《こえ》に
周波数《しゅうはすう》を低《ひく》くする
低音《ていおん》の声《こえ》に

AI《エーアイ》の力《ちから》で「声質変換技術《せいしつへんかんぎじゅつ》」は新《あら》たなステージへ!!

話《はな》している人《ひと》の声《こえ》を完全《かんぜん》に他人《たにん》のものに変《か》えてしまうタイプの「声質変換技術《せいしつへんかんぎじゅつ》」は、より高度《こうど》で最新《さいしん》のテクノロジーであるAI《エーアイ》を利用《りよう》している。

この技術《ぎじゅつ》の大《おお》まかな仕組《しく》みを説明《せつめい》しよう。まずA《エー》さんの声《こえ》と変換《へんかん》したいB《ビー》さんの声《こえ》の両方《りょうほう》をAI《エーアイ》に学習《がくしゅう》させる。AI《エーアイ》は2人《ふたり》の声《こえ》のどの部分《ぶぶん》がちがっているのかを分析《ぶんせき》。そのデータを使《つか》ってA《エー》さんが発《はっ》した声《こえ》をリアルタイムでB《ビー》さんの声《こえ》に変換《へんかん》できるようにする。あらかじめAI《エーアイ》に声《こえ》を学習《がくしゅう》させておけば、どんな人物《じんぶつ》の声《こえ》にも変換可能《へんかんかのう》。コナンが「蝶《ちょう》ネクタイ型変声機《がたへんせいき》」で複数《ふくすう》の人物《じんぶつ》の声《こえ》を演《えん》じ分《わ》けるのと同《おな》じようなことが、AI《エーアイ》によって実際《じっさい》に行《おこな》えるんだ。

この技術《ぎじゅつ》は31ページで紹介《しょうかい》したように、テーマパークで行《おこな》われるショーで実際《じっさい》に使《つか》われている。これまでは映画《えいが》やアニメのキャラの着《き》ぐるみが会話《かいわ》をする場合《ばあい》、キャラの声《こえ》で話《はな》すのは難《むずか》しかった。でも、この技術《ぎじゅつ》があれば、会場《かいじょう》にいる人《ひと》の声《こえ》を変換《へんかん》して、臨場感《りんじょうかん》のあるショーを行《おこな》えるんだ。技術《ぎじゅつ》の進歩《しんぽ》で、今後《こんご》さらにすごい「声質変換技術《せいしつへんかんぎじゅつ》」が実現《じつげん》されるはず!!

AI《エーアイ》技術《ぎじゅつ》で実現《じつげん》できる声質変換技術《せいしつへんかんぎじゅつ》

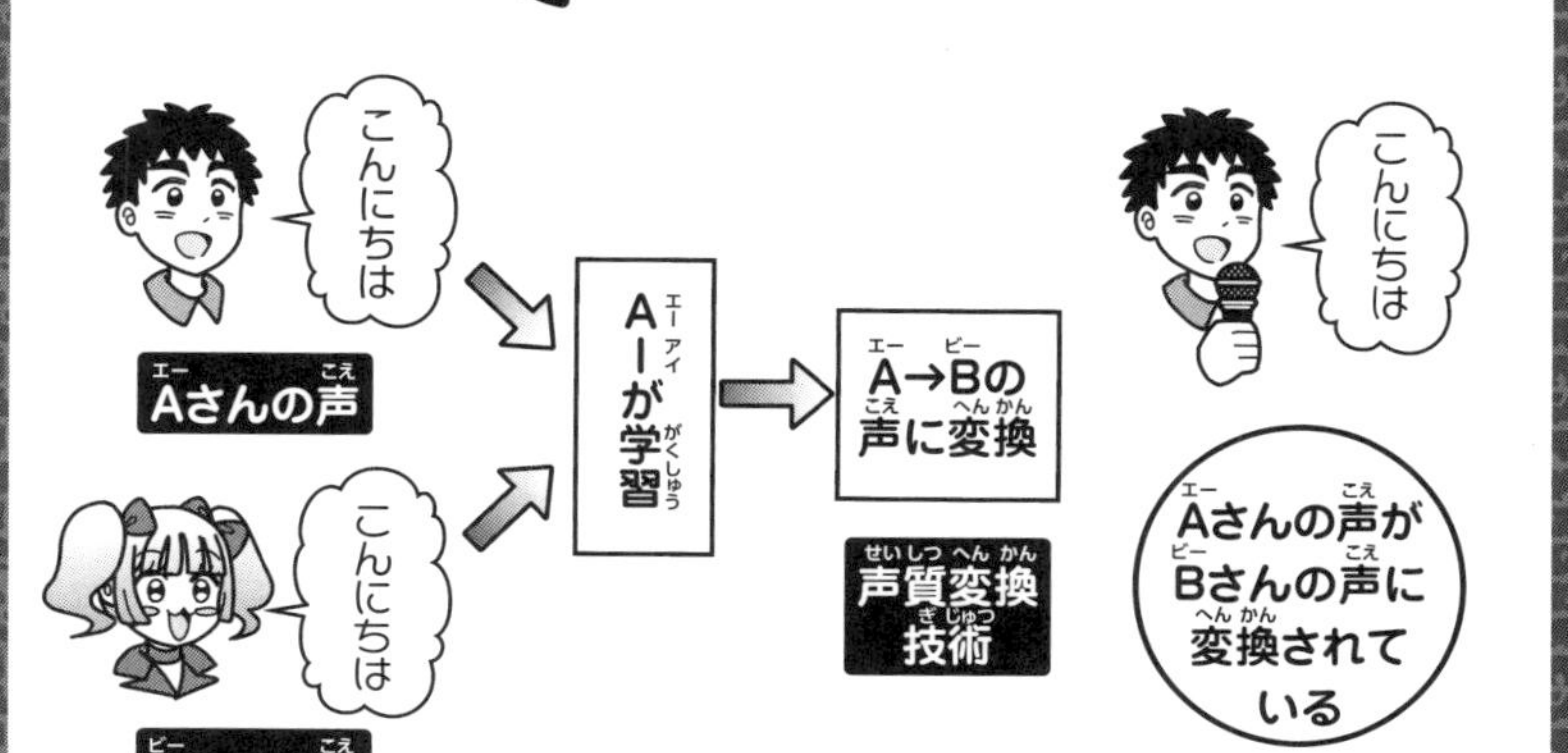

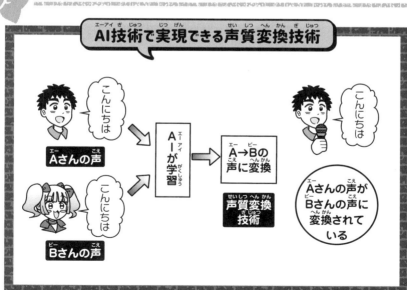

パソコン1台《だい》あれば好《す》きな歌《うた》が自由《じゆう》に作《つく》れる時代《じだい》へ!!

音声合成《おんせいごうせい》の元祖《がんそ》「スピーキングマシン」

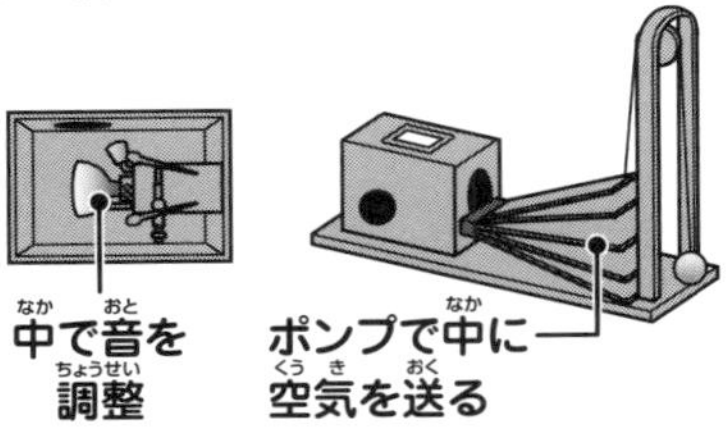

「声質変換《せいしつへんかん》」に似《に》た技術《ぎじゅつ》で、声《こえ》を人工的《じんこうてき》に作《つく》り出《だ》す「合成音声《ごうせいおんせい》」という技術《ぎじゅつ》が存在《そんざい》する。この技術《ぎじゅつ》の歴史《れきし》は古《ふる》く、誕生《たんじょう》はなんと18世紀《せいき》。コンピュータが存在《そんざい》しなかった時《じ》代《だい》に、ハンガリーの発《はつ》明家《めいか》ヴォルフガング・フォン・ケンペレンが作《つく》り出《だ》しているぞ。

この装置《そうち》は「スピーキングマシン」と呼《よ》ばれていて、構造自体《こうぞうじたい》は楽器《がっき》に似《に》ている。ふいごを使《つか》って箱《はこ》の中《なか》に空気《くうき》を送《おく》り、その空気《くうき》が中《なか》にあるリード(振動《しんどう》させることで音《おと》が出《で》る薄《うす》い欠《かけ》片《ら》)を振動《しんどう》させて人《ひと》の声《こえ》に似《に》た音《おと》を発生《はっせい》させるのだ。その音《おと》は子《こ》どもの声《こえ》のように高《たか》く、「パパ」や「ママ」などの簡単《かんたん》な言葉《ことば》を発《はっ》せられたんだ。

この「合成音声《ごうせいおんせい》」は現代《げんだい》では大《おお》きく進化《しんか》していて、コンピュータを使《つか》うことで、さまざまな種類《しゅるい》の声《こえ》の再現《さいげん》が可能《かのう》となっている。現在人気《げんざいにんき》がある「ボーカロイド」にも合成音声《ごうせいおんせい》の技術《ぎじゅつ》が使《つか》われているんだ。

コンピュータを使《つか》った合成音声《ごうせいおんせい》の開発《かいはつ》の歴史《れきし》は古《ふる》く、１９６０年《ねん》ごろから研究《けんきゅう》は始《はじ》まっていた。長年《ながねん》の研《けん》究《きゅう》の末《すえ》、２００３年《ねん》にヤマハが楽器《がっき》ショーで合成音声《ごうせいおんせい》による世界初《せかいはつ》の「ボーカロイド」を発表《はっぴょう》。翌年《よくねん》にヤマハからパソコン用《よう》のソフト「ＶＯＣＡＬＯＩＤ１《ボーカロイド》」が発《はつ》売《ばい》。２００７年《ねん》にはおなじみの「初音《はつね》ミク」も登場《とうじょう》して「ボーカロイド」の人気《にんき》が爆発《ばくはつ》! 歌《うた》の作成《さくせい》だけでなく動画《どうが》の配信《はいしん》やゲームの中《なか》などで幅広《はばひろ》く使《つか》われ、誰《だれ》もが知《し》る存在《そんざい》となっているよ。

パソコンと専用《せんよう》ソフトで歌声《うたごえ》をつくり出《だ》せる

合成音声《ごうせいおんせい》が身近《みぢか》な存在《そんざい》に

第2章《だいしょう》 まんが初登場《はつとうじょう》シーンでふりかえる!
発明《はつめい》グッズコレクション

「割《わり》のいい尾《び》行《こう》」

破《は》壊《かい》力《りょく》抜《ばつ》群《ぐん》の
発《はつ》明《めい》品《ひん》は、

コナンの
記《き》念《ねん》すべき
初《はつ》登《とう》校《こう》の日《ひ》!?

コミックス
2巻《かん》から
登場《とうじょう》!

破壊力《はかいりょく》
NO.1

発明品《はつめいひん》02 [キック力増強《りょくぞうきょう》シューズ]

電気《でんき》と磁力《じりょく》で足《あし》のツボを刺激《しげき》して、足《あし》の筋肉《きんにく》の力《ちから》を極限《きょくげん》まで高《たか》められる。シュートの威力《いりょく》は逃走《とうそう》する犯人《はんにん》を一撃《いちげき》でKO《ケーオー》できるほど強力《きょうりょく》だ!!

コナンが帝《てい》丹《たん》小《しょう》学《がっ》校《こう》に初《はつ》登《とう》校《こう》！そこで新《あら》たな発《はつ》明《めい》グッズも大《だい》登《とう》場《じょう》するぞ!!

これでキミもコナン博士《はかせ》！
名探偵《めいたんてい》コナンミニ情報《じょうほう》！

少年探偵団《しょうねんたんていだん》の光彦《みつひこ》には朝美《あさみ》という姉《あね》がいて、2人《ふたり》の名前《なまえ》を合《あ》わせると「あさみ・みつひこ」になる。有名《ゆうめい》な推理小説《すいりしょうせつ》「浅見光彦《あさみみつひこ》シリーズ」の主役《しゅやく》がモデルなんだよ。

キックの威力《いりょく》はコナンの想像以上《そうぞういじょう》！ その後《ご》、数々《かずかず》の事件《じけん》で大活躍《だいかつやく》を見《み》せる!!

もともとサッカーが得意《とくい》なコナンのキック力《りょく》を、科学《かがく》の力《ちから》で数段《すうだん》パワーアップさせる「キック力増強《りょくぞうきょう》シューズ」。犯人《はんにん》の追跡《ついせき》や障害物《しょうがいぶつ》の破壊《はかい》などの場面《ばめん》で大活躍《だいかつやく》するぞ!!

キック力増強《りょくぞうきょう》シューズじゃ!!
へ？
電気《でんき》と磁力《じりょく》で足《あし》のツボを刺激《しげき》し、筋力《きんりょく》を極限《きょくげん》まで高《たか》める道具《どうぐ》じゃ!!
このシューズでボールを蹴《け》れば、犯人《はんにん》はひとたまりもないぞ!!
まあ、サッカーの得意《とくい》な新一君《しんいちくん》なら使《つか》いこなせるじゃろう!!
ありがとよ、博士《はかせ》!!

とりあえず最初《さいしょ》だから、強《つよ》さを中《ちゅう》にあわせて…
カチカチ

◀▲キックの威力《いりょく》は調節可能《ちょうせつかのう》。トンデモないボールの威力《いりょく》に、まわりもコナンもビックリ!!

靴《くつ》の発明《はつめい》と進化《しんか》

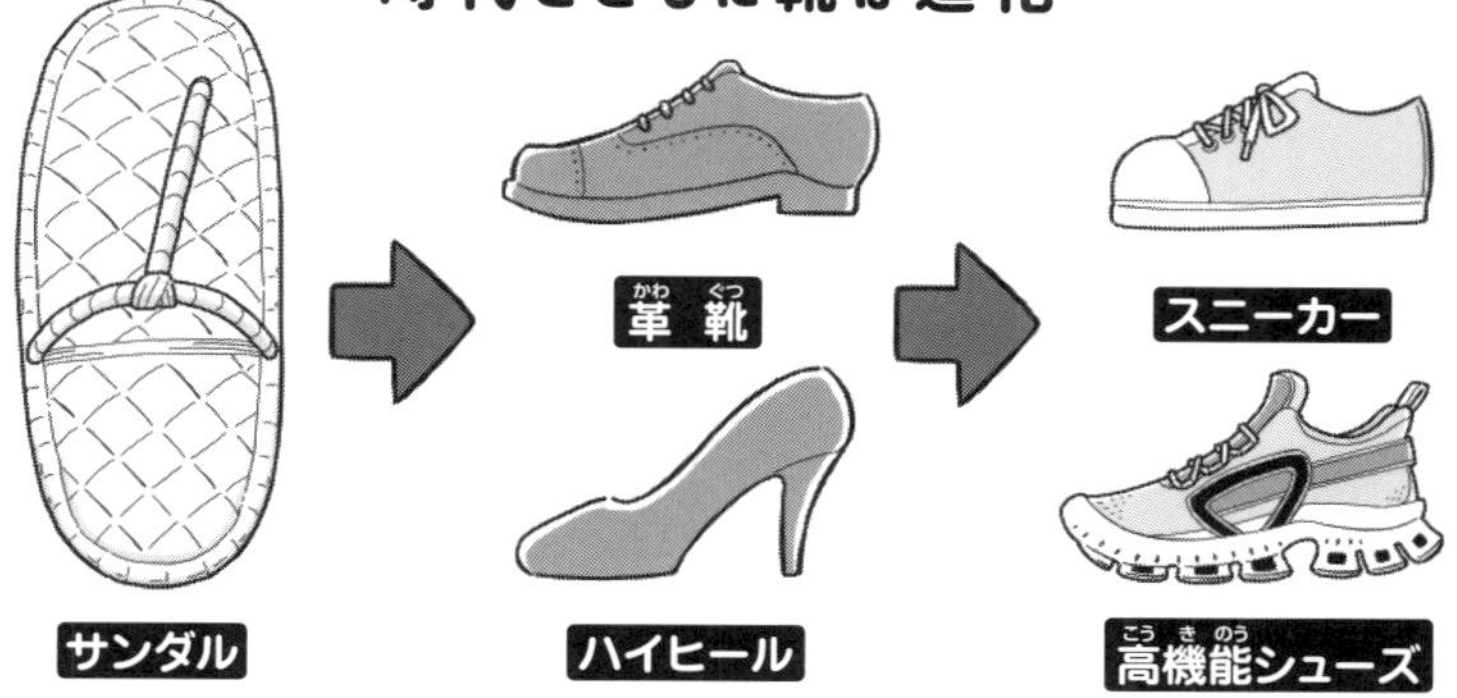

時代《じだい》とともに靴《くつ》は進化《しんか》
サンダル
革靴《かわぐつ》
ハイヒール
スニーカー
高機能《こうきのう》シューズ

靴《くつ》の役割《やくわり》
ファッション
動《うご》きの補助《ほじょ》
足《あし》の保護《ほご》

足《あし》を保護《ほご》するために発明《はつめい》され機能《きのう》と種類《しゅるい》が増《ふ》えていった

太古《たいこ》の時代《じだい》に四足歩行《よんそくほこう》から直立二足歩行《ちょくりつにそくほこう》へと進化《しんか》してからも、人類《じんるい》はしばらく裸足《はだし》で生活《せいかつ》していた。でも、裸足《はだし》で外《そと》を歩《ある》くと石《いし》や砂《すな》を踏《ふ》んで痛《いた》いし、冬《ふゆ》は寒《さむ》いよね。そこで、足《あし》を保護《ほご》するために靴《くつ》が発明《はつめい》されたんだ。いつから人《ひと》が靴《くつ》を使《つか》い始《はじ》めたのかはっきりしないけれど、古代人《こだいじん》の骨《ほね》の大《おお》きさなどを調《しら》べた結果《けっか》、なんと4万年前《まんねんまえ》から靴《くつ》をはいていたと考《かんが》えられているよ。

発明当初《はつめいとうしょ》の靴《くつ》は何《なに》よりも実用性《じつようせい》が求《もと》められ、簡易的《かんいてき》なものしかなかった。その後《ご》、はきやすさや歩《ある》きやすさといった機能《きのう》や、足元《あしもと》をおしゃれに見《み》せる装飾《そうしょく》を備《そな》えた靴《くつ》がつくられるようになったんだ。そうして革靴《かわぐつ》やハイヒールなど靴《くつ》の種類《しゅるい》がどんどん増《ふ》えていき、今《いま》では長《なが》い距離《きょり》を走《はし》っても疲《つか》れにくいランニングシューズなど、特定《とくてい》の目的《もくてき》に合《あ》わせた高機能《こうきのう》シューズも開《かい》発《はつ》されているよ。

古代《こだい》エジプトでは身分《みぶん》によって靴《くつ》に差《さ》があった

世界《せかい》で初《はじ》めて靴《くつ》が発明《はつめい》されたのがいつなのか、詳《くわ》しいことは分《わ》かっていない。1938年《ねん》にアメリカのオレゴン州《しゅう》にあるフォートロック洞窟《どうくつ》で、紀元前《きげんぜん》8500年《ねん》ごろのものとみられるサンダルが発見《はっけん》されている。樹皮《じゅひ》からとった繊維《せんい》を編《あ》んでつくられたもので、現存《げんぞん》する中《なか》では最《もっと》も古《ふる》い靴《くつ》なんだ。これで冬《ふゆ》の洞窟《どうくつ》の寒《さむ》さをしのいだり、歩《ある》くときに石《いし》や砂《すな》から足《あし》を保護《ほご》していたんだろうね。

つま先《さき》が覆《おお》われた靴《くつ》だと、2008年《ねん》にアルメニアの洞窟《どうくつ》で発見《はっけん》された紀元前《きげんぜん》3500年《ねん》ごろの革靴《かわぐつ》が、現存《げんぞん》する中《なか》では最《もっと》も古《ふる》いもの。1枚《まい》の牛皮《ぎゅうひ》を靴《くつ》の形《かたち》に縫《ぬ》い合《あ》わせ、前後《ぜんご》の縫《ぬ》い目《め》には革《かわ》ひもが通《とお》されている。すでに現代《げんだい》の靴《くつ》と同《おな》じようなデザインだね。この洞窟《どうくつ》は、夏《なつ》は摂氏《せっし》45度《ど》、冬《ふゆ》は氷点下《ひょうてんか》という過酷《かこく》な気温《きおん》の地域《ちいき》で、しっかり足《あし》を覆《おお》う靴《くつ》が必要《ひつよう》だったんだ。

このように実用的《じつようてき》な役割《やくわり》を果《は》たすために生《う》まれた靴《くつ》は、文明《ぶんめい》が発達《はったつ》していくにつれてあり方《かた》も変化《へんか》していった。古代《こだい》エジプトでは身分《みぶん》や職業《しょくぎょう》に応《おう》じた装飾品《そうしょくひん》を身《み》につける習慣《しゅうかん》があり、靴《くつ》でも身分《みぶん》の差《さ》を表《あらわ》していたんだ。平民《へいみん》や奴隷《どれい》は裸足《はだし》、貴族《きぞく》は動物《どうぶつ》の革《かわ》や植物《しょくぶつ》の繊維《せんい》を材料《ざいりょう》にしたサンダル、そして王《おう》は金箔《きんぱく》で装飾《そうしょく》した黄金《おうごん》のサンダルをはいていたよ。

パワーアシストスーツの発明《はつめい》と進化《しんか》

世界最初《せかいさいしょ》のパワーアシストスーツ

世界最初《せかいさいしょ》のパワーアシストスーツはなぜ実用化《じつようか》されなかった？

コナンが使《つか》っていたキック力増強《りょくぞうきょう》シューズのような、身《み》につけるだけで人間《にんげん》の力《ちから》をアップさせるアイテムは、すでに実際《じっさい》に発明《はつめい》されているんだ。それはパワーアシストスーツ（パワードスーツやロボットスーツとも呼《よ》ばれる）というものだ。

パワーアシストスーツの実用化《じつようか》が初《はじ》めて計画《けいかく》されたのは、1960年代《ねんだい》のアメリカでのこと。エジソンが創業《そうぎょう》した電気照明会社《でんきしょうめいがいしゃ》を母体《ぼたい》とするゼネラル・エレクトリック社《しゃ》が、遠隔《えんかく》システムで機械《きかい》を操作《そうさ》する移動式《いどうしき》マニピュレータ技術《ぎじゅつ》をもとに、装着型《そうちゃくがた》ロボット「ハーディマン」の開発《かいはつ》に着手《ちゃくしゅ》。340kg《キログラム》までの物体《ぶったい》を持《も》ち上《あ》げることができる腕部《わんぶ》を完成《かんせい》させた。ただし、機械自体《きかいじたい》の重《おも》さが680kg《キログラム》もあったため動作《どうさ》が安定《あんてい》せず、残念《ざんねん》ながら実用化《じつようか》には至《いた》らなかったんだ。

それでもハーディマンの技術《ぎじゅつ》は、工場《こうじょう》で製品《せいひん》を組《く》み立《た》てる産業用《さんぎょうよう》ロボットなどに応用《おうよう》され、別《べつ》の形《かたち》で役《やく》に立《た》った。その後《ご》、ほかの研究機関《けんきゅうきかん》が小型《こがた》で実用的《じつようてき》なパワーアシストスーツの開発《かいはつ》を進《すす》め、介護《かいご》・医療用《いりょうよう》などさまざまな分野《ぶんや》に発展《はってん》していったよ。

重《おも》い物《もの》を持《も》ち上《あ》げる作業《さぎょう》が楽《らく》になる！ 重労働《じゅうろうどう》を支《ささ》えるパワーアシストスーツ

中腰《ちゅうごし》やかがんだ姿勢《しせい》から重《おも》いものを持《も》ち上《あ》げようと上半身《じょうはんしん》を起《お》こすと、腰《こし》に負担《ふたん》がかかるよね。その負《ふ》担《たん》を軽減《けいげん》するため、一般的《いっぱんてき》な人《ひと》が持《も》ち運《はこ》び可能《かのう》な物体《ぶったい》の重《おも》さ（約《やく》30kg《キログラム》）に対《たい》して、上半身《じょうはんしん》を起《お》こす動作《どうさ》をサポートするパワーアシストスーツがすでに開発《かいはつ》されていて日本《にほん》でも普及《ふきゅう》しているんだ。

上半身《じょうはんしん》を引《ひ》き起《お》こす動《うご》きをアシスト
引《ひ》く
押《お》し上《あ》げる

パワーアシストスーツのおもなタイプとして、電動《でんどう》モーターなどの動力《どうりょく》を備《そな》えたアクティブ型《がた》と、バネのような機構《きこう》を用《もち》いたパッシブ型《がた》に分《わ》けられる。アクティブ型《がた》はモーターが人《ひと》の動《うご》きに合《あ》わせて稼働《かどう》して動作《どうさ》をアシスト。パッシブ型《がた》はバネやゴムチューブの伸縮力《しんしゅくりょく》や空気圧《くうきあつ》の収縮《しゅうしゅく》によって引《ひ》っ張《ぱ》る力《ちから》を生《う》み出《だ》し、物体《ぶったい》を持《も》ち上《あ》げる動作《どうさ》をサポートする。現在《げんざい》は比較的《ひかくてき》軽《かる》くて価格《かかく》も安《やす》いパッシブ型《がた》の方《ほう》が普及《ふきゅう》していて、中腰《ちゅうごし》で作業《さぎょう》することの多《おお》い農業《のうぎょう》、荷物《にもつ》の積《つ》み下《お》ろしを繰《く》り返《かえ》す工場《こうじょう》、寝《ね》ている人《ひと》を抱《だ》き起《お》こす介護《かいご》などの現場《げんば》で活用《かつよう》されているよ。

パワーアシストスーツはいろんな仕事《しごと》で活躍《かつやく》！
農業《のうぎょう》
製造《せいぞう》・物流《ぶつりゅう》
介護《かいご》

第2章《だいしょう》 まんが初登場《はつとうじょう》シーンでふりかえる!
発明《はつめい》グッズコレクション

「行方不明《ゆくえふめい》の男《おとこ》」

最強《さいきょう》グッズといえば!?
機能満載《きのうまんさい》の

コミックス
2巻《かん》から
登場《とうじょう》!

捜査力《そうさりょく》
NO.1

発明品《はつめいひん》03 [犯人追跡《はんにんついせき》メガネ]

メガネのフレームの左側《ひだりがわ》にアンテナがあり、左《ひだり》レンズがモニターになっている。半径《はんけい》20Km《キロメートル》の範囲《はんい》を追跡《ついせき》でき、盗聴器《とうちょうき》の機能《きのう》も持《も》つぞ!!

発明《はつめい》グッズの中《なか》でも事件《じけん》解決《かいけつ》に役立《やくだ》つ機能《きのう》が満載《まんさい》な「犯人《はんにん》追跡《ついせき》メガネ」!!

—阿笠《あがさ》博士《はかせ》の家《いえ》—
強盗《ごうとう》に、
誘拐《ゆうかい》に、
殺人《さつじん》か…
—ったく、事件《じけん》が絶《た》えねーなー…
まー、だからこそ、君《きみ》の推理《すいり》が役《やく》にたっとるんじゃないか…
ガチャ
ガチャ
10億円犯人未だ捕まらず!!
毎朝新聞
3人組の行方は!?
でも、手柄《てがら》はみんなおっちゃんにとられちゃってるけどな…
ホレ、完成《かんせい》したぞ!!
ワシが発明《はつめい》した犯人追跡《はんにんついせき》メガネじゃ!!
どーやって使《つか》うんだよ、これ?
横《よこ》のボタンをおしてみい…

これでキミもコナン博士《はかせ》！名探偵《めいたんてい》コナンミニ情報《じょうほう》！

もともと刑事《けいじ》だった毛利小五郎《もうりこごろう》の拳銃《けんじゅう》の腕《うで》はピカイチ!! 警察学校時代《けいさつがっこうじだい》に拳銃《けんじゅう》の試射《ししゃ》で、全弾標的《ぜんだんひょうてき》のド真《ま》ん中《なか》を撃《う》ち抜《ぬ》いて、満点《まんてん》を叩《たた》き出《だ》したこともあるんだ!!

「犯人追跡《はんにんついせき》メガネ」最初《さいしょ》の事件《じけん》は 父親《ちちおや》を捜《さが》す少女《しょうじょ》の依頼《いらい》だったが……

「犯人追跡《はんにんついせき》メガネ」を阿笠博士《あがさはかせ》からもらった直後《ちょくご》、毛利探偵事務所《もうりたんていじむしょ》に来《き》た依頼人《いらいにん》、広田雅美《ひろたまさみ》。彼女《かのじょ》は行方不明《ゆくえふめい》になったタクシー運転手《うんてんしゅ》の父親《ちちおや》を捜《さが》してほしいと依頼《いらい》してくる。小五郎《こごろう》たちの捜査《そうさ》で、雅美《まさみ》の父《ちち》は競馬場《けいばじょう》で見《み》つかる。しかし、どうも様子《ようす》が…ヘン!?

事件《じけん》の捜査中《そうさちゅう》に少女《しょうじょ》も 何者《なにもの》かに連《つ》れ去《さ》られてしまう!!

事件解決《じけんかいけつ》と思《おも》った矢先《やさき》、雅美《まさみ》の父《ちち》は殺《ころ》された! 雅美《まさみ》も行方不明《ゆくえふめい》になり、現場《げんば》には彼女《かのじょ》のメガネが残《のこ》されていた。

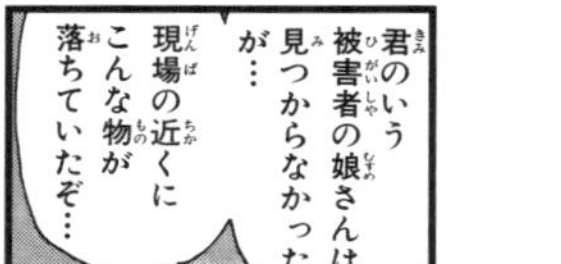

▼「犯人追跡《はんにんついせき》メガネ」で雅美《まさみ》らしき反応《はんのう》を確認《かくにん》。コナンは追跡《ついせき》を開始《かいし》するが…。

▲コナンは広田雅美《ひろたまさみ》と最初《さいしょ》に会《あ》ったとき、彼女《かのじょ》に発信機《はっしんき》をつけていた!

「犯人《はんにん》追跡《ついせき》メガネ」で少女《しょうじょ》を捜《さが》し駆《か》け回《まわ》るコナン!!

位置《いち》は、ここから北西《ほくせい》4キロ…新宿《しんじゅく》か!!
そんなに遠《とお》くない!!
ダッ

コナンは雅美《まさみ》の腕時計《うでどけい》を持《も》っている謎《なぞ》の大男《おおおとこ》を発見《はっけん》。雅美《まさみ》の行方《ゆくえ》を知《し》るため、追跡《ついせき》を開始《かいし》する。ところが「犯《はん》人追跡《にんついせき》メガネ」が電池切《でんちぎ》れに!!コナンはしかたなく、阿笠博士《あがさはかせ》の研《けん》究所《きゅうじょ》へといったん戻《もど》るのだが…。

やべ…電池《でんち》が切《き》れかかってる…

▲「犯人追跡《はんにんついせき》メガネ」は充電式《じゅうでんしき》のアイテム。日暮《ひぐ》れまで捜索《そうさく》した結果《けっか》、電池《でんち》が切《き》れた…。

おーい、まだかよ博士《はかせ》!!
早《はや》く充電《じゅうでん》してくれよ〜

まあ、そうせかすな!あせってもよい結果《けっか》はでんぞ!!
でも、早《はや》くしねーとよ〜〜〜

阿笠博士《あがさはかせ》は、発明《はつめい》グッズと共《とも》に探偵《たんてい》の心得《こころえ》もコナンに伝授《でんじゅ》!!

焦《あせ》るコナンに名探偵《めいたんてい》シャーロック・ホームズの言葉《ことば》を伝《つた》える阿笠博《あがさはか》士《せ》。コナンはこの言葉《ことば》で冷静《れいせい》さを取《と》り戻《もど》して、事件《じけん》を解決《かいけつ》に導《みちび》いたぞ!!

冷静《れいせい》、沈着《ちんちゃく》、かつ慎重《しんちょう》に…
これが君《きみ》の好《す》きなホームズじゃろ?

わ、わかったよ…

◀▲発明《はつめい》グッズをただ渡《わた》すだけでなく、アフターケアも抜群《ばつぐん》!! コナンにとって頼《たよ》りになる存在《そんざい》だ!!

眼《め》鏡《がね》の発明《はつめい》と進化《しんか》

文字《もじ》を拡大《かくだい》できる
リーディングストーン
これなら読《よ》みやすい。
ace
cop

ガラスの器《うつわ》が眼鏡《めがね》に!
水《みず》を
入《い》れると
大《おお》きく見《み》える!

眼鏡《めがね》が発明《はつめい》される前《まえ》にも視力《しりょく》を上《あ》げる道具《どうぐ》があった

眼鏡《めがね》が発明《はつめい》されたのは中世《ちゅうせい》ヨーロッパでのこと。それまで視力《しりょく》の低《ひく》い人《ひと》はどうやって生活《せいかつ》していたのかな? 実《じつ》は、眼鏡《めがね》と同《おな》じように、ものが大《おお》きく見《み》える道具《どうぐ》と原理《げんり》に気《き》づいた人《ひと》たちがいたんだ。

古代《こだい》ローマの哲学者《てつがくしゃ》セネカは、水《みず》を満《み》たしたガラス容器《ようき》を通《とお》せば小《ちい》さな文字《もじ》が大《おお》きく見《み》えることに気《き》づき、水球儀《すいきゅうぎ》で文字《もじ》を拡大《かくだい》しながら本《ほん》を読《よ》んでいたという。さらに、中世《ちゅうせい》アラビアの数学者《すうがくしゃ》で物理学者《ぶつりがくしゃ》でもあるアルハーゼンが目《め》のしくみを研究《けんきゅう》し、人工的《じんこうてき》にカットした光学《こうがく》レンズを使《つか》うと視《し》力《りょく》を補《おぎな》える可能性《かのうせい》を発表《はっぴょう》。彼《かれ》の研究《けんきゅう》がヨーロッパで知《し》られるとレンズの開発《かいはつ》が進《すす》み、水晶《すいしょう》でできた平凸半球型《へいとつはんきゅうがた》のレンズが13世紀《せいき》ごろに発明《はつめい》されたという。本《ほん》の上《うえ》に直接《ちょくせつ》のせて使用《しよう》したと考《かんが》えられ、その使《つか》い方《かた》からリーディングストーンと呼《よ》ばれているよ。

2枚《まい》1組《くみ》のレンズを用《もち》いた眼鏡《めがね》が発明《はつめい》されたのはいつ？

リーディングストーンが発明《はつめい》された13世紀《せいき》ごろ、イタリアのヴェネチア地方《ちほう》では透明度《とうめいど》の高《たか》いガラスの製《せい》造技術《ぞうぎじゅつ》が発達《はったつ》。視力《しりょく》を上《あ》げるガラスレンズもつくられていたとされ、眼鏡《めがね》もイタリアで発明《はつめい》されたと考《かんが》えられているんだ。イタリアの画家《がか》モデナが1352年《ねん》に描《えが》いた肖像画《しょうぞうが》では、修道士《しゅうどうし》が2枚《まい》の拡大用《かくだいよう》レンズをフレームにはめて1組《くみ》にした眼鏡《めがね》を使《つか》っていることから、この時代《じだい》には眼鏡《めがね》が存在《そんざい》したのは確実《かくじつ》だ。

15世紀《せいき》にグーテンベルクが活版印刷術《かっぱんいんさつじゅつ》を発明《はつめい》し、世《よ》の中《なか》にたくさんの書物《しょもつ》が出回《でまわ》るようになると、文字《もじ》を読《よ》むときに眼鏡《めがね》を必要《ひつよう》とする人《ひと》が増《ふ》え、たくさんつくられるようになった。しかし、当時《とうじ》の眼鏡《めがね》はまだ耳当《みみあ》てのテンプルがなく、手《て》で持《も》つか鼻《はな》の上《うえ》に乗《の》せて使《つか》われていたんだ。

現在《げんざい》のように耳《みみ》にかけるタイプの眼鏡《めがね》が考《かんが》え出《だ》されたのは、眼鏡《めがね》の発明《はつめい》からずっと後《あと》の18世紀《せいき》になってから。それからは金《きん》や銀《ぎん》などさまざまな素材《そざい》がフレームに使《つか》われるようになり、デザインの種類《しゅるい》が豊富《ほうふ》になっていった。レンズを支《ささ》える取《と》っ手《て》がはさみで鼻《はな》を切《き》るように見《み》える「はさみ眼鏡《めがね》」や、柄《がら》のついた眼鏡《めがね》などおしゃれなタイプも人気《にんき》を集《あつ》めたよ。

眼鏡《めがね》の移《うつ》り変《か》わり

初期《しょき》の眼鏡《めがね》はフレームが木製《もくせい》や象牙製《ぞうげせい》だった

耳当《みみあ》てのテンプルがない鼻眼鏡《はなめがね》

テンプル眼鏡《めがね》

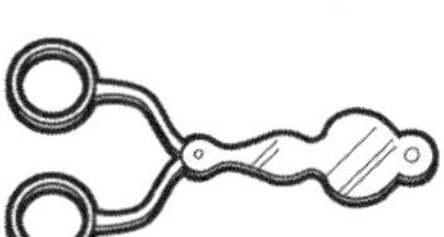

はさみ眼鏡《めがね》

未来《みらい》の生活《せいかつ》を変《か》える？ハイテク眼鏡《めがね》「スマートグラス」

スパイ映画《えいが》やＳＦ《エスエフ》作品《さくひん》の中《なか》で、眼鏡《めがね》のレンズ部分《ぶぶん》に映像《えいぞう》や文字《もじ》が表示《ひょうじ》されるアイテムが登場《とうじょう》するよね。実《じつ》はこうした高機能《こうきのう》な眼鏡型《めがねがた》デバイスは、「スマートグラス」という名称《めいしょう》ですでに発明《はつめい》されているんだ。

世界初《せかいはつ》のスマートグラスは、グーグル社《しゃ》が２０１２年《ねん》に企業《きぎょう》の業務用《ぎょうむよう》に開発《かいはつ》した「グーグルグラス」。ディスプレイに表示《ひょうじ》したマニュアルを確認《かくにん》しながら作業《さぎょう》を進《すす》めるなど、さまざまな方法《ほうほう》で活用《かつよう》されたよ。

一方《いっぽう》、業務用《ぎょうむよう》よりも目的《もくてき》や機能《きのう》を限定《げんてい》した個人向《こじんむ》けモデルも開発《かいはつ》されている。ディスプレイで映画《えいが》やゲームの映像《えいぞう》を見《み》たり、テンプル部分《ぶぶん》のスピーカーで音楽《おんがく》を聴《き》いたり、内蔵《ないぞう》マイクによる通《つう》話《わ》まで可能《かのう》なんだ。今後《こんご》、スマートグラスを使《つか》ってできることがどこまで増《ふ》えるか楽《たの》しみだね！

小型《こがた》ディスプレイの映像《えいぞう》を半透過型《はんとうかがた》ミラーに映《うつ》し出《だ》す

業務用《ぎょうむよう》スマートグラス

個人用《こじんよう》スマートグラス

ディスプレイにマニュアルを表示《ひょうじ》

大画面《だいがめん》で見《み》ているような感覚《かんかく》で映像《えいぞう》を楽《たの》しむ

発《はっ》信《しん》機《き》の発明《はつめい》と進化《しんか》

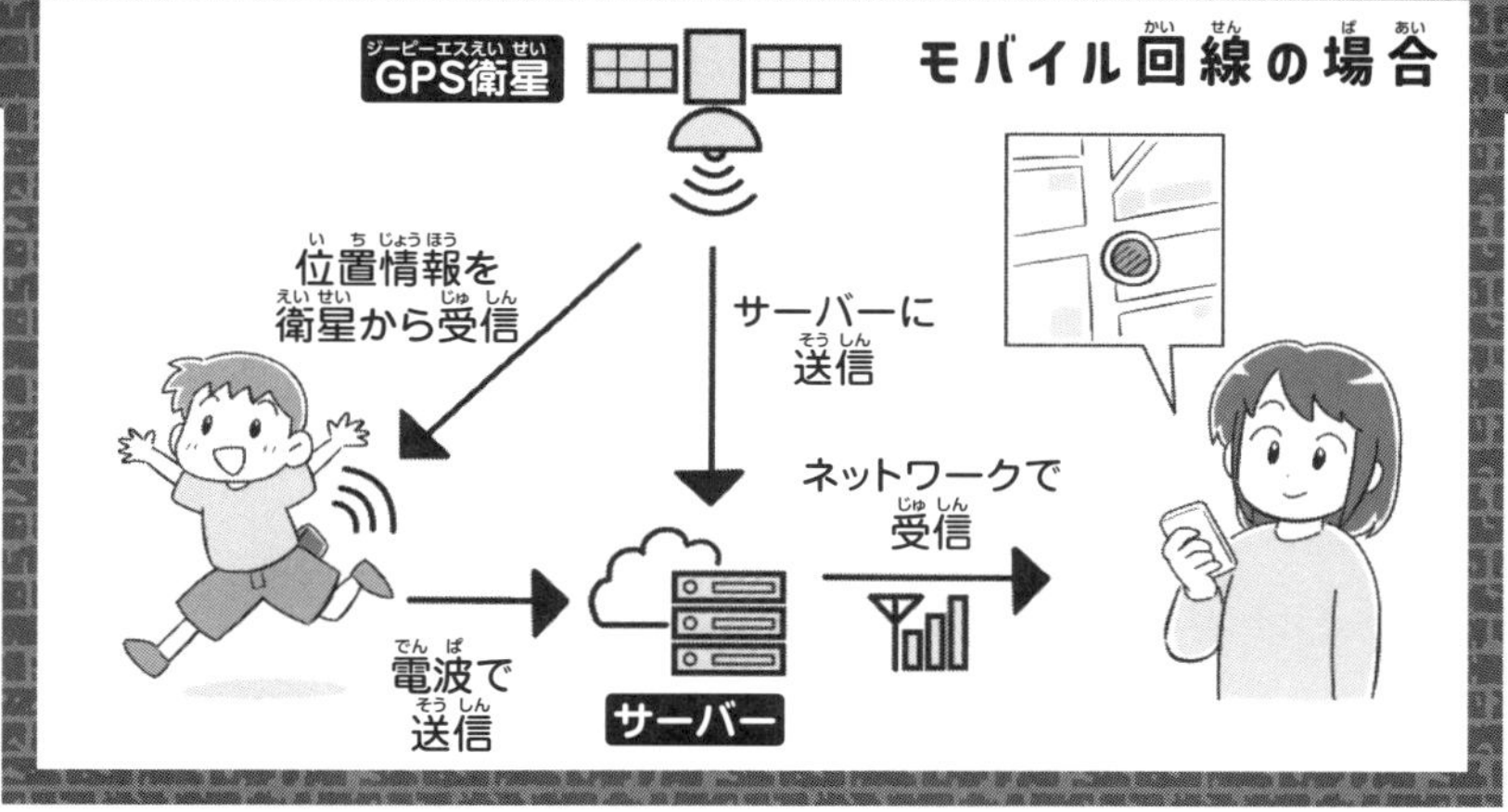
モバイル回線《かいせん》の場合《ばあい》
GPS衛星《ジーピーエスえいせい》
位置情報《いちじょうほう》を衛星《えいせい》から受信《じゅしん》
サーバーに送信《そうしん》
ネットワークで受信《じゅしん》
電波《でんぱ》で送信《そうしん》
サーバー

GPS《ジーピーエス》衛星《えいせい》を利用《りよう》して相手《あいて》の位置情報《いちじょうほう》を特定《とくてい》できる

離《はな》れた場所《ばしょ》にいたり移動中《いどうちゅう》の人《ひと》や物《もの》の位置《いち》を特定《とくてい》できる発信機《はっしんき》には、人工衛星《じんこうえいせい》を通《とお》して位置情報《いちじょうほう》を測位《そくい》するGPS《ジーピーエス》システムが用《もち》いられている。

GPS《ジーピーエス》は、アメリカ国防総省《こくぼうそうしょう》が1960年代《ねんだい》に開発《かいはつ》したもの。3つのGPS《ジーピーエス》衛星《えいせい》から信号《しんごう》をのせた電波《でんぱ》を発信《はっしん》し、電波《でんぱ》の受信地点《じゅしんちてん》との距離《きょり》を計測《けいそく》することで位置情報《いちじょうほう》を調《しら》べ、さらにもう1つの衛星《えいせい》で誤差《ごさ》を調整《ちょうせい》するんだ。1980年代《ねんだい》から一般《いっぱん》向《む》けにも開放《かいほう》され、携帯《けいたい》電話《でんわ》の地図《ちず》アプリやカーナビなど、位置情報《いちじょうほう》を確認《かくにん》する手段《しゅだん》として身近《みぢか》なところで活用《かつよう》されているよ。

GPS《ジーピーエス》発信機《はっしんき》は、GPS《ジーピーエス》衛星《えいせい》で特定《とくてい》された位置情報《いちじょうほう》をモバイル回線《かいせん》や衛星回線《えいせいかいせん》を通《つう》じてネットワークに送信《そうしん》し、その情報《じょうほう》を受信機《じゅしんき》で受《う》け取《と》ることができる。受信機《じゅしんき》といっても特別《とくべつ》な機器《きき》は必要《ひつよう》なく、インターネット通信《つうしん》ができるスマートフォンやパソコンがあれば、専用《せんよう》サイトやアプリを開《ひら》くだけで地図上《ちずじょう》に位置《いち》が表示《ひょうじ》されるんだ。子《こ》どもや高齢者《こうれいしゃ》の現在地《げんざいち》を知《し》らせる見守《みまも》りをはじめ、会社《かいしゃ》の外《そと》で仕事《しごと》する社員《しゃいん》の業務管理《ぎょうむかんり》、車《くるま》や荷物《にもつ》の盗難対策《とうなんたいさく》などあらゆる目的《もくてき》に使《つか》えるよ。

「恐《きょう》怖《ふ》の館《やかた》」

意《い》外《がい》な場《ば》所《しょ》で初《はつ》登《とう》場《じょう》の発《はつ》明《めい》品《ひん》!!

コミックス2巻《かん》から登場《とうじょう》!

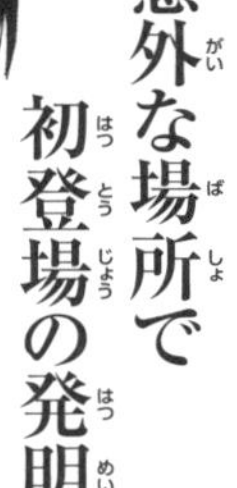

意《い》外《がい》性《せい》 NO.1

発《はつ》明《めい》品《ひん》04 [伸《しん》縮《しゅく》サスペンダー]

特殊《とくしゅ》な形状《けいじょう》記《き》憶《おく》の繊《せん》維《い》で作《つく》られたサスペンダー。ボタンで自由《じゆう》に伸《の》び縮《ちぢ》みさせられ、子《こ》どもの力《ちから》ではビクともしない重《おも》い物《もの》も動《うご》かせる。

お化《ば》けが出《で》るとの噂《うわさ》がある洋館《ようかん》へ歩美《あゆみ》たちに誘《さそ》われたコナンだが……

コナンたちが住《す》む町内《ちょうない》には、悪霊《あくりょう》が住《す》むと噂《うわさ》される古《ふる》びた洋館《ようかん》があるらしい。そこへ、お化《ば》け退治《たいじ》に向《む》かう少年探偵団《しょうねんたんていだん》。歩美《あゆみ》と元太《げんた》はやる気《き》満々《まんまん》だけど…。

光彦《みつひこ》や元太《げんた》の姿《すがた》が消《き》えた！コナンや歩美《あゆみ》が遭遇《そうぐう》したのは!?

洋館《ようかん》に入《はい》ってすぐ光彦《みつひこ》が行方不明《ゆくえふめい》に。コナンはこの洋館《ようかん》には何《なに》か秘密《ひみつ》があると感《かん》じるが、その後《ご》すぐ、元太《げんた》の姿《すがた》も消《き》えて…。

◀▲不気味《ぶきみ》な雰囲気《ふんいき》を漂《ただよ》わせる洋館《ようかん》。夜中《よなか》に恐《おそ》ろしいうめき声《ごえ》も聞《き》こえるとか!?

洋館《ようかん》で遭遇《そうぐう》したのは不気味《ぶきみ》な人影《ひとかげ》！追《お》うコナンたちは、床《ゆか》に謎《なぞ》の扉《とびら》を見《み》つける!!

「伸縮《しんしゅく》サスペンダー」で扉《とびら》が開《ひら》いた！ 階段《かいだん》の奥《おく》に潜《ひそ》む館《やかた》のヒミツとは……!?

驚異的《きょういてき》な伸縮力《しんしゅくりょく》で、怪《あや》しすぎる床《ゆか》の扉《とびら》を開《ひら》いたコナン。この奥《おく》に、光彦《みつひこ》や元太《げんた》の姿《すがた》が？ そして、館《やかた》に秘《ひ》められた謎《なぞ》が解明《かいめい》するのか!?

ゴムの発明《はつめい》と進化《しんか》

ゴムはあらゆるものの材料《ざいりょう》に！

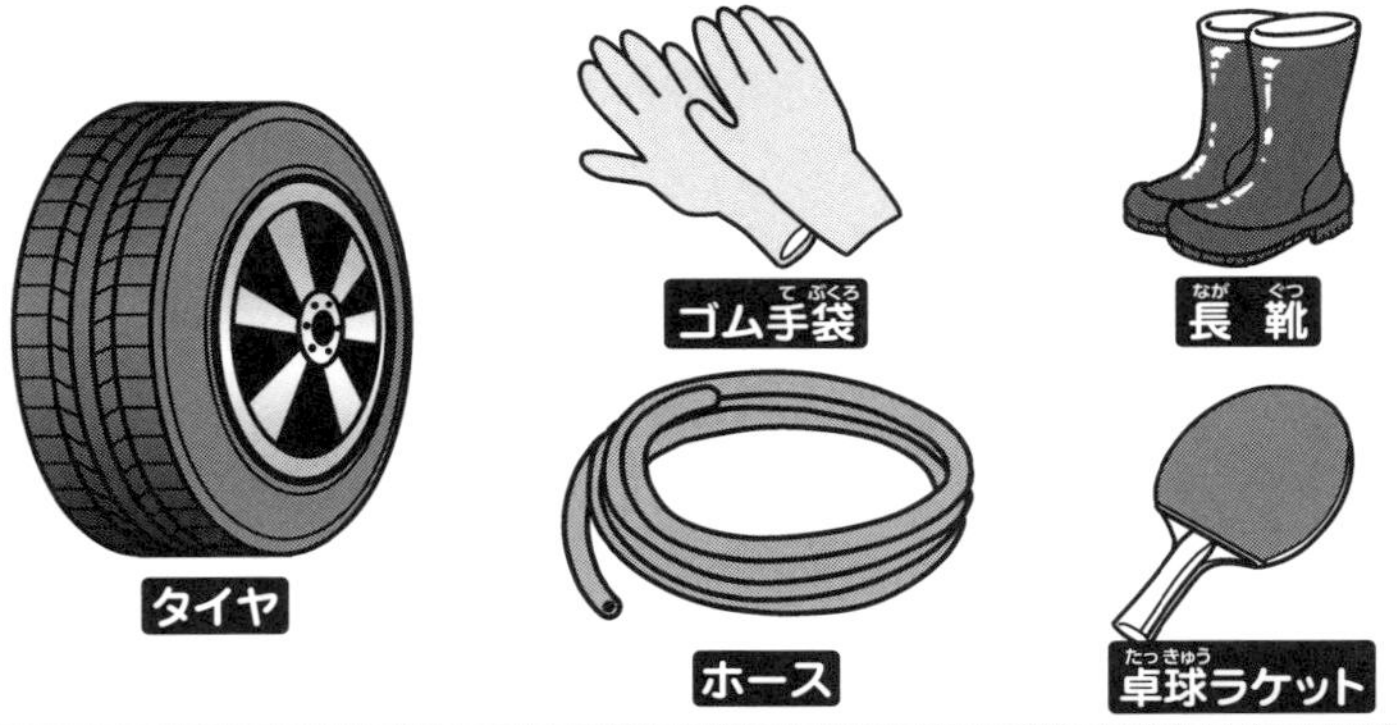

ゴムの木《き》の汁《しる》を固《かた》めたものが天然《てんねん》ゴム

身《み》の回《まわ》りにある製品《せいひん》は あれもこれもゴムが材料《ざいりょう》！

伸縮《しんしゅく》サスペンダーはまるでゴムのように伸《の》び縮《ちぢ》みするね。ゴムは、天然《てんねん》のゴムの木《き》から採取《さいしゅ》した樹液《じゅえき》を固《かた》めたり、石油《せきゆ》を原料《げんりょう》として化学的《かがくてき》に生成《せいせい》することで得《え》られるもの。新大陸《しんたいりく》発見《はっけん》の航海《こうかい》でハイチ島《とう》に立《た》ち寄《よ》ったコロンブスが天然《てんねん》ゴムを見《み》つけ、ヨーロッパに伝《つた》えたのがゴム利用《りよう》の始《はじ》まりと言《い》われているんだ。

ゴムは弾性《だんせい》という伸《の》び縮《ちぢ》みする機能《きのう》がとても高《たか》く、その性質《せいしつ》を利用《りよう》してさまざまな製品《せいひん》の材料《ざいりょう》に使《つか》われている。日本《にほん》で最《もっと》も多《おお》くゴムが利用《りよう》されているのは車《くるま》のタイヤで、国内《こくない》ゴム消費量《しょうひりょう》の約《やく》80%《パーセント》！ ゴムの弾性《だんせい》が路《ろ》面《めん》の凸凹《でこぼこ》によって生《しょう》じる衝《しょう》撃《げき》をやわらげ、車《くるま》の乗《の》り心《ごこ》地《ち》を良《よ》くするために欠《か》かせないんだ。ほかにも、長靴《ながぐつ》など身《み》の回《まわ》りの生活用品《せいかつようひん》、強《きょう》力《りょく》な負荷《ふか》がかかる工業用機《こうぎょうようき》械《かい》や家電《かでん》の部品《ぶひん》にも採用《さいよう》されているよ。

丈夫《じょうぶ》でよく伸《の》びるゴムは失敗《しっぱい》から生《う》まれた

ゴムの強力《きょうりょく》な弾性《だんせい》は、実《じつ》は原料《げんりょう》である生《なま》ゴムに硫黄《いおう》を加《くわ》えて熱《ねっ》することによって初《はじ》めて得《え》られるもの。では、誰《だれ》がどうやってその原理《げんり》に気《き》づいたのか？　それはある失敗《しっぱい》がきっかけだったんだ。

１８３９年《ねん》の冬《ふゆ》、発明家《はつめいか》グッドイヤーが研究室《けんきゅうしつ》でうっかり居眠《いねむ》りしたところ、実験中《じっけんちゅう》に使《つか》っていた薬品《やくひん》が彼《かれ》のゴム靴《ぐつ》にこぼれてしまった。翌朝《よくあさ》目《め》を覚《さ》ましたグッドイヤーは、ゴム靴《ぐつ》に薬品《やくひん》をこぼした部分《ぶぶん》がストーブの熱《ねつ》で温《あたた》められて変化《へんか》し、弾性《だんせい》や強度《きょうど》がアップしていることに気《き》づいた。こうした現象《げんしょう》からヒントを得《え》て研究《けんきゅう》を進《すす》め、生《なま》ゴムに硫黄《いおう》を加《くわ》えて熱《ねっ》することで弾性《だんせい》を増《ま》す加硫技術《かりゅうぎじゅつ》を発明《はつめい》したんだ。

チャールズ・グッドイヤー

ゴムの加硫法《かりゅうほう》を発明《はつめい》し、タイヤ産業《さんぎょう》の発《はっ》展《てん》に貢献《こうけん》。世界的《せかいてき》タイヤメーカーであるグッドイヤー社《しゃ》の名《な》前《まえ》の由来《ゆらい》となった。

グッドイヤーの発明《はつめい》は居眠《いねむ》りがきっかけ

偶然《ぐうぜん》から生《う》まれた消《け》しゴムと輪《わ》ゴムの発明《はつめい》

18世紀《せいき》にイギリスを中心《ちゅうしん》にゴム工業《こうぎょう》が発展《はってん》し、いろんなゴム製品《せいひん》が発明《はつめい》されていった。その中《なか》でも大《おお》きな発明品《はつめいひん》が消《け》しゴムだ。1770年《ねん》にイギリスの化学者《かがくしゃ》プリーストリーが天然《てんねん》ゴムのかたまりで紙《かみ》をこすったところ、鉛筆《えんぴつ》の字《じ》が消《き》えることに気《き》づいたのがきっかけ。その2年後《ねんご》には消《け》しゴムとして製品化《せいひんか》され売《う》られるようになり、世界中《せかいじゅう》に広《ひろ》まったんだ。ちなみに、現在《げんざい》よく使《つか》われているプラスチック消《け》しゴムを開発《かいはつ》したのは、シードゴム工業《こうぎょう》という日本《にほん》の企業《きぎょう》。天然《てんねん》ゴムの代《か》わりにやわらかい塩化《えんか》ビニールを原料《げんりょう》に用《もち》い、1959年《ねん》から世界《せかい》に先駆《さきが》けて発売《はつばい》したよ。

ジョゼフ・プリーストリー

イギリスの神学者《しんがくしゃ》で化学者《かがくしゃ》。気体《きたい》について研究《けんきゅう》し、1774年《ねん》には酸素《さんそ》を発見《はっけん》したことで有名《ゆうめい》。

もう1つの大《おお》きなゴム製品《せいひん》の発明《はつめい》は、輪《わ》ゴムだ。19世紀《せいき》のイギリス人《じん》発明家《はつめいか》ハンコックが、製品《せいひん》の加工《かこう》に用《もち》いたゴムのうち使《つか》われなかった部分《ぶぶん》を再利用《さいりよう》するため鋳型《いがた》に流《なが》し込《こ》んでいて、その1つが輪《わ》っかの形《かたち》だったことから生《う》まれたもの。その後《ご》、グッドイヤーが加硫《かりゅう》技術《ぎじゅつ》を発明《はつめい》したことで輪《わ》ゴムの性能《せいのう》が増《ま》し、工場《こうじょう》や一般《いっぱん》家庭《かてい》にも普及《ふきゅう》したんだ。

トーマス・ハンコック

ゴムを衣類《いるい》に利用《りよう》する技術《ぎじゅつ》を考案《こうあん》したイギリスの発明家《はつめいか》。イギリスでは「ゴムの父《ちち》」と呼《よ》ばれ親《した》しまれている。

輪《わ》ゴムはどうして伸《の》び縮《ちぢ》みする？ 引《ひ》っ張《ぱ》るとどこまで伸《の》びるの？

自在《じざい》に伸《の》び縮《ちぢ》みするゴムならではの性質《せいしつ》は、輪《わ》ゴムを使《つか》っていると特《とく》に実感《じっかん》しやすいよね。ところで、輪《わ》ゴムはどうして伸《の》び縮《ちぢ》みするんだろう？

輪《わ》ゴムの原料《げんりょう》となる天然《てんねん》ゴムは、ゴムの木《き》から採取《さいしゅ》した樹液《じゅえき》を固《かた》めたもの。しかし、樹液《じゅえき》を固《かた》めただけのゴムは、引《ひ》っ張《ぱ》っても伸《の》び縮《ちぢ》みしにくい。そこで用《もち》いられるのが、グッドイヤーが発明《はつめい》した加硫技術《かりゅうぎじゅつ》だ。ゴムにはイソプレンと呼《よ》ばれる化学物質《かがくぶっしつ》が含《ふく》まれていて、それらが複数《ふくすう》つながるとポリイソプレンという分子《ぶんし》になる。硫黄《いおう》を加《くわ》えることによって硫黄《いおう》の分子《ぶんし》がポリイソプレンにくっつき、長《なが》い鎖《くさり》のようにつないでいく。すると、ポリイソプレンが不規則《ふきそく》に配置《はいち》されて縮《ちぢ》んだ状態《じょうたい》のゴムが、引《ひ》っ張《ぱ》ることで整列《せいれつ》した状態《じょうたい》に伸《の》び、引《ひ》っ張《ぱ》ることをやめると元《もと》の縮《ちぢ》んだ状態《じょうたい》へ戻《もど》るんだ。

ゴムには伸《の》ばすと元《もと》に戻《もど》ろうとする力《ちから》があり、材料《ざいりょう》の配合《はいごう》によってその力《ちから》を変《か》えることができる。輪《わ》ゴムはこの力《ちから》がほかのゴム製品《せいひん》よりも大《おお》きくなるようにつくられているため、軽《かる》く引《ひ》っ張《ぱ》るだけで約《やく》3～4倍《ばい》、限界《げんかい》まで引《ひ》っ張《ぱ》れば約《やく》7～8倍《ばい》まで伸《の》びるよ。

輪《わ》ゴムを引《ひ》っ張《ぱ》ると、なぜ伸《の》びる？

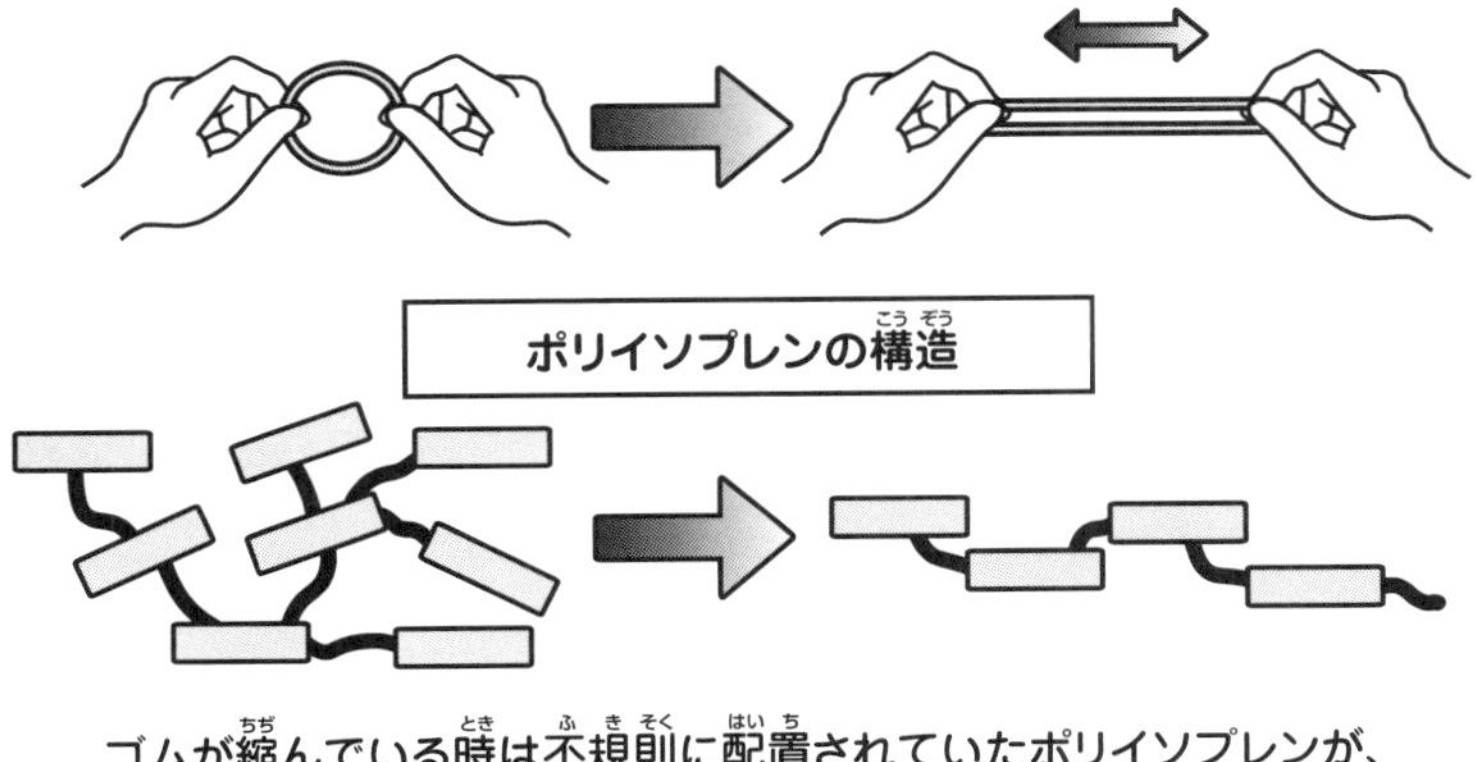

ゴムが縮《ちぢ》んでいる時《とき》は不規則《ふきそく》に配置《はいち》されていたポリイソプレンが、引《ひ》っ張《ぱ》られることで整列《せいれつ》した状態《じょうたい》に変化《へんか》し、ゴムも伸《の》びる

第《だい》2章《しょう》 まんが初登場《はつとうじょう》シーンでふりかえる!
発明《はつめい》グッズコレクション

「籏《はた》本《もと》家《け》の一族《いちぞく》」

初《はじ》めて"眠《ねむ》らされた"のは、

海《うみ》の上《うえ》…!?

コミックス3巻《かん》から登場《とうじょう》!

命中度《めいちゅうど》 NO.1

発明品《はつめいひん》05 [時計型麻酔銃《とけいがたますいじゅう》]

時計《とけい》の横《よこ》にあるスイッチを押《お》すと麻酔針《ますいばり》が飛《と》び出《だ》し、狙《ねら》った相手《あいて》を瞬時《しゅんじ》に眠《ねむ》らせる。撃《う》てる麻酔針《ますいばり》は1本《ぽん》だけなので、狙《ねら》いは外《はず》せない!

豪《ごう》華《か》客《きゃく》船《せん》で起《お》こる連《れん》続《ぞく》殺《さつ》人《じん》事《じ》件《けん》！資《し》産《さん》家《か》一《いち》族《ぞく》を狙《ねら》う犯《はん》人《にん》とは!?

▼客船《きゃくせん》には旗本家《はたもとけ》の一族《いちぞく》が乗《の》っていた。そして一族《いちぞく》の者《もの》が次々犠牲《つぎつぎぎせい》に…。

旅行《りょこう》で定期船《ていきせん》に乗《の》りおくれたコナンたちは、偶然《ぐうぜん》、別《べつ》の客船《きゃくせん》に乗《の》せてもらう。ところが、そこで殺人事件《さつじんじけん》が発生《はっせい》!! 犯人《はんにん》のトリックを見破《みやぶ》ったコナンは、小五郎《こごろう》を呼《よ》び出《だ》して…。

◀殺人現場《さつじんげんば》に残《のこ》された証拠《しょうこ》から、コナンは真実《しんじつ》を導《みちび》き出《だ》す!!

「時計《とけい》型《がた》麻《ま》酔《すい》銃《じゅう》」で小五郎《こごろう》を眠《ねむ》らせ、コナンが名推理《めいすいり》で事件《じけん》を見事《みごと》に解決《かいけつ》!!

コナンは「蝶《ちょう》ネクタイ型変声機《がたへんせいき》」を使《つか》い、眠《ねむ》った小五郎《こごろう》が推理《すいり》を披露《ひろう》していると見《み》せかける。「眠《ねむ》りの小五郎《こごろう》」が華麗《かれい》に事件《じけん》を解決《かいけつ》だ!!

時《と》計《けい》の発明《はつめい》と進化《しんか》

古代《こだい》エジプトの日時計《ひどけい》
12個《こ》の目盛《めも》り

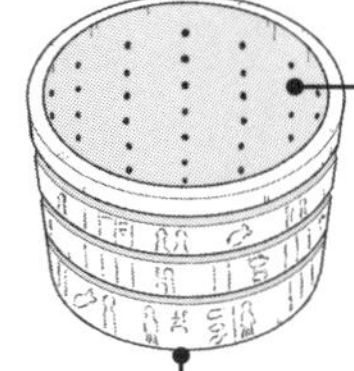
水時計《みずどけい》のしくみ
目盛《めも》りで水《みず》の高《たか》さを測《はか》る
穴《あな》から水《みず》が落《お》ちる

世界《せかい》で最初《さいしょ》の時計《とけい》は古代《こだい》の日時計《ひどけい》だった

この世《よ》に文明《ぶんめい》が生《う》まれて人々《ひとびと》が集団《しゅうだん》で生活《せいかつ》するようになると、みんなが規則正《きそくただ》しく行動《こうどう》できるよう時間《じかん》の単位《たんい》が考案《こうあん》された。時間《じかん》を計《はか》る方法《ほうほう》として大昔《おおむかし》の人《ひと》たちが注目《ちゅうもく》したのは、太陽《たいよう》の規則的《きそくてき》な動《うご》き。地面《じめん》に棒《ぼう》や石《いし》の柱《はしら》を立《た》て、太陽《たいよう》による影《かげ》の位置《いち》と長《なが》さで時間《じかん》の変化《へんか》を知《し》ろうとした。つまり日時計《ひどけい》だ。紀元前《きげんぜん》5000年《ねん》ごろにエジプトで発明《はつめい》されたんだ。

でも、日時計《ひどけい》だと、夜《よる》や雨《あめ》の日《ひ》に時間《じかん》を計《はか》ることができないよね。そこで発明《はつめい》されたのが水時計《みずどけい》だ。大《おお》きな容《よう》器《き》の底《そこ》に穴《あな》を開《あ》けて一定《いってい》の速《はや》さで水《みず》が落《お》ちるように工夫《くふう》し、容器《ようき》に目盛《めも》りをつけることによって、水面《すいめん》の高《たか》さの変化《へんか》で時間《じかん》が分《わ》かるしくみになっているんだ。ほかにも、夜空《よぞら》の星《ほし》の動《うご》きを観測《かんそく》することでも時間《じかん》を計《はか》っていたそうだよ。

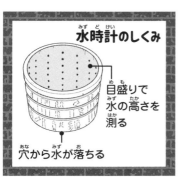

一定《いってい》の速《はや》さで時《とき》を刻《きざ》む機械式時計《きかいしきどけい》の誕生《たんじょう》と進化《しんか》

太陽《たいよう》の日《ひ》の出《で》と日《ひ》の入《い》りの時間《じかん》は季節《きせつ》によって異《こと》なるため、日時計《ひどけい》はひと目盛《めも》り分《ぶん》の長《なが》さ(1時間《じかん》)が常《つね》に一定《いってい》にならない。そのため、中世《ちゅうせい》ヨーロッパで歯車《はぐるま》やネジなどの技術《ぎじゅつ》が発展《はってん》すると、人々《ひとびと》はその技術《ぎじゅつ》を利用《りよう》した時計《とけい》の開発《かいはつ》に取《と》り組《く》み始《はじ》めた。そして13～14世紀《せいき》ごろ、おもりの重《おも》さで歯車《はぐるま》を動《うご》かし、一定《いってい》の速《はや》さで時《とき》を刻《きざ》む機械式時計《きかいしきどけい》が発明《はつめい》されたんだ。しかし、当時《とうじ》の機械《きかい》式時計《しきどけい》はしくみが簡易的《かんいてき》で、大幅《おおはば》な時間《じかん》の誤差《ごさ》が生《しょう》じてしまうのは避《さ》けられなかった。

そこで17世紀《せいき》オランダの科学者《かがくしゃ》ホイヘンスは、ガリレオが発見《はっけん》した「振《ふ》り子《こ》が常《つね》に等《ひと》しい時間《じかん》でゆれる」という振《ふ》り子《こ》の法則《ほうそく》を応用《おうよう》し、振《ふ》り子時計《こどけい》を発明《はつめい》。さらに18世紀《せいき》にイギリスの技師《ぎし》ハリソンが、ゆれる船《ふね》の上《うえ》でも正確《せいかく》に動《うご》く航海用時計《こうかいようどけい》(クロノメーター)を生《う》み出《だ》し、時計《とけい》の精度《せいど》がたちまち向上《こうじょう》したんだ。

その後《ご》も数々《かずかず》の技術改良《ぎじゅつかいりょう》を経《へ》て、20世紀《せいき》には電圧《でんあつ》を加《くわ》えると正確《せいかく》に振動《しんどう》する水晶《すいしょう》の性質《せいしつ》を活《い》かしたクオーツ時計《とけい》、21世紀《せいき》には人工衛星《じんこうえいせい》からの電波《でんぱ》で時刻《じこく》を調整《ちょうせい》するGPS《ジーピーエス》電波時計《でんぱどけい》が誕生《たんじょう》。今《いま》や時計《とけい》は年間《ねんかん》に数秒《すうびょう》の誤差《ごさ》も生《しょう》じないところまで進化《しんか》しているよ。

16世紀《せいき》ごろの機械式時計《きかいしきどけい》

画像提供：セイコーミュージアム 銀座

クリスチャン・ホイヘンス

光《ひかり》を波動《はどう》とする「ホイヘンスの原理《げんり》」を提唱《ていしょう》した科学者《かがくしゃ》。ほかにも、土星《どせい》が環《わ》に囲《かこ》まれていることを初《はじ》めて主張《しゅちょう》した。

18世紀《せいき》ごろの振《ふ》り子時計《こどけい》

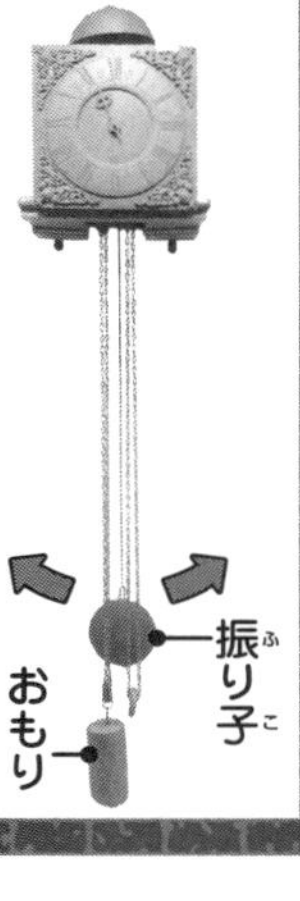

画像提供：セイコーミュージアム 銀座

麻《ま》酔《すい》の発明《はつめい》と進化《しんか》

華岡青洲《はなおかせいしゅう》は母《はは》と妻《つま》の協力《きょうりょく》で麻酔《ますい》を実験《じっけん》した

世界《せかい》で初《はじ》めて麻酔薬《ますいやく》を発明《はつめい》したのは江戸時代《えどじだい》の日本人医者《にほんじんいしゃ》！

外科手術《げかしゅじゅつ》や歯《は》の治療《ちりょう》で痛《いた》みをやわらげるために、麻酔《ますい》は欠《か》かせないもの。しかし昔《むかし》は麻酔《ますい》のための薬《くすり》がなく、患者《かんじゃ》は痛《いた》みをがまんする必要《ひつよう》があったんだ。

そんな中《なか》、麻酔薬《ますいやく》の研究《けんきゅう》に取《と》り組《く》んだのが、江戸時代《えどじだい》の外科医《げかい》である華岡青洲《はなおかせいしゅう》。人間《にんげん》の体《からだ》をしびれさせる毒《どく》を持《も》つマンダラゲなど数種類《すうしゅるい》の植物《しょくぶつ》を調合《ちょうごう》し、痛《いた》みの感覚《かんかく》を一時的《いちじてき》になくす麻酔薬《ますいやく》「通仙散《つうせんさん》」を発明《はつめい》。1804年《ねん》に乳《にゅう》がんの手術《しゅじゅつ》でこの薬《くすり》を使《つか》い、世界《せかい》で初《はじ》めて全身麻酔手術《ぜんしんますいしゅじゅつ》に成功《せいこう》した。しかし、とても強力《きょうりょく》な飲《の》み薬《ぐすり》で取《と》り扱《あつか》いが危険《きけん》だったため、明治時代《めいじじだい》に西洋医学《せいよういがく》が本格的《ほんかくてき》に導入《どうにゅう》されると、クロロホルムなどの麻酔薬《ますいやく》が使《つか》われるようになったよ。

華岡青洲《はなおかせいしゅう》

西洋医学《せいよういがく》と東洋医学《とうよういがく》を学《まな》び、自《みずか》ら開発《かいはつ》した麻酔薬《ますいやく》で全身《ぜんしん》麻酔手術《ますいしゅじゅつ》に成功《せいこう》。日本《にほん》の外科手術《げかしゅじゅつ》の発展《はってん》に貢献《こうけん》した。

最《もっと》も効果《こうか》が高《たか》い麻酔薬《ますいやく》は？ 欧米《おうべい》で過熱《かねつ》した発明競争《はつめいきょうそう》

日本《にほん》で華岡青洲《はなおかせいしゅう》が通仙散《つうせんさん》の発明《はつめい》に成功《せいこう》した頃《ころ》、欧米《おうべい》でも麻酔《ますい》の開発《かいはつ》が独自《どくじ》に進《すす》められていた。アメリカの歯科医《しかい》ウェルズは、笑気《しょうき》ガスという気体《きたい》を吸《す》った人《ひと》が痛《いた》みを感《かん》じなくなることに気《き》づき、手術《しゅじゅつ》の麻酔薬《ますいやく》として用《もち》いようと思《おも》いついた。そして１８４４年《ねん》に、笑気《しょうき》ガスによる麻酔《ますい》で患者《かんじゃ》が痛《いた》みを感《かん》じないうちに歯《は》を抜《ぬ》くことに成功《せいこう》。翌年《よくねん》には公開手術《こうかいしゅじゅつ》を行《おこな》うが、手術《しゅじゅつ》の途《と》中《ちゅう》で患者《かんじゃ》が痛《いた》みを訴《うった》えてしまい失敗《しっぱい》に終《お》わったんだ。

その後《ご》、ほかの医者《いしゃ》たちが笑気《しょうき》ガス以外《いがい》の気体《きたい》で麻《ま》酔《すい》を研究《けんきゅう》。ウェルズの弟子《でし》モートンは、笑気《しょうき》ガスよりも強力《きょうりょく》なエーテルの効果《こうか》に気《き》づき、１８４６年《ねん》にエーテルを患者《かんじゃ》に吸《す》わせて公開手術《こうかいしゅじゅつ》に成功《せいこう》。続《つづ》いて１８４７年《ねん》には、イギリスの産《さん》科医《かい》シンプソンがクロロホルムによる麻酔手《ますいしゅ》術《じゅつ》に成功《せいこう》した。クロロホルムの麻酔効果《ますいこうか》はエーテルよりもさらに強力《きょうりょく》で、また気管支《きかんし》への刺激《しげき》が低《ひく》く、ヴィクトリア女王《じょおう》の無痛分娩手術《むつうぶんべんしゅじゅつ》に使《つか》われたことをきっかけに広《ひろ》まったんだ。その後《ご》も麻酔《ますい》の研究《けんきゅう》は進《すす》められ、人体《じんたい》にとってより安全《あんぜん》な薬《くすり》と使用法《しようほう》が開発《かいはつ》されていったよ。

ウイリアム・モートン

19世紀《せいき》アメリカの歯科医《しかい》。エーテルという気体《きたい》を用《もち》いた吸入麻酔《きゅうにゅうますい》を発明《はつめい》し、「近代麻酔《きんだいますい》の父《ちち》」と呼《よ》ばれた。

ジェームズ・シンプソン

ヴィクトリア女王《じょおう》の侍医《じい》も務《つと》めたイギリスの産科医《さんかい》。クロロホルム麻酔《ますい》を発明《はつめい》し、おもに無痛分娩《むつうぶんべん》手術《しゅじゅつ》に用《もち》いた。

第《だい》2章《しょう》 まんが初登場《はつとうじょう》シーンでふりかえる!
発明《はつめい》グッズコレクション

「はちあわせた二人組《ふたりぐみ》」

目《め》の前《まえ》に現《あらわ》れたのは、アノ男《おとこ》たち…!!
コミックス4巻《かん》から登場《とうじょう》!

名探偵コナン
4

秘密度《ひみつど》 NO.1

発明品《はつめいひん》06［盗聴器《とうちょうき》（犯人追跡《はんにんついせき》メガネ）］

「犯人追跡《はんにんついせき》メガネ」に追加《ついか》された機能《きのう》。耳掛《みみか》けの右側《みぎがわ》が盗聴器《とうちょうき》に、左側《ひだりがわ》がイヤホンになっている。周囲《しゅうい》にバレず盗聴《とうちょう》の音声《おんせい》を聞《き》けるぞ!!

◀▲子《こ》どものコナンを1人《ひとり》にしておけないと考《かんが》えた蘭《らん》は、小五郎《こごろう》の友人《ゆうじん》の結婚式《けっこんしき》に連《つ》れて行《い》くことに…。そこで危険《きけん》な事件《じけん》と遭遇《そうぐう》!?

新《あら》たな発明《はつめい》グッズは因縁《いんねん》の相手《あいて》との再会《さいかい》で活躍《かつやく》!!

小五郎《こごろう》の付《つ》き添《そ》いで、新幹線《しんかんせん》に乗《の》ったコナンと蘭《らん》。その前《まえ》に偶然現《ぐうぜんあらわ》れたのは、正体不明《しょうたいふめい》の薬《くすり》でコナンを子《こ》どもの姿《すがた》にした、黒《くろ》ずくめの男《おとこ》たちだった!!

新幹線《しんかんせん》の車内《しゃない》で遭遇《そうぐう》したのは、コナンが追《お》い続《つづ》けたアノ男《おとこ》たち……!!

コナンは黒《くろ》ずくめの組織《そしき》が企《たくら》む悪事《あくじ》を知《し》るため盗聴《とうちょう》を計画《けいかく》!!

黒《くろ》ずくめの男《おとこ》たちは、コナンが新一《しんいち》だと気《き》づかなかった。コナンはこのチャンスを利用《りよう》し、彼《かれ》らが持《も》つ謎《なぞ》の薬《くすり》を奪《うば》おうとする。

黒《くろ》ずくめの男《おとこ》たちの周辺《しゅうへん》を、なんとか探《さぐ》ろうとするコナン。しかし、そうとは知《し》らない蘭《らん》に、調査《ちょうさ》を邪魔《じゃま》されてしまう。そこでコナンは男《おとこ》たちの会話《かいわ》を盗《ぬす》み聞《ぎ》きするため、彼《かれ》らの席《せき》に盗聴器《とうちょうき》を仕掛《しか》けようとする。そこで聞《き》こえた会話《かいわ》の内容《ないよう》は…。

ガムの中《なか》に盗聴器《とうちょうき》を仕込《しこ》み会話《かいわ》を盗聴《とうちょう》しようとするが……!?

「メガネ型《がた》盗聴器《とうちょうき》」によって黒《くろ》ずくめの組織《そしき》の2人組《ふたりぐみ》ジンとウォッカの名前《なまえ》が判明《はんめい》!!

盗聴《とうちょう》の結果《けっか》、コナンは黒《くろ》ずくめの男《おとこ》たちのコードネームを知《し》る!! ここから、黒《くろ》ずくめの組織《そしき》のジンやウォッカとの戦《たたか》いが本格化《ほんかくか》する!!

盗《とう》聴《ちょう》器《き》の発明《はつめい》と進化《しんか》

発信機《はっしんき》から受信機《じゅしんき》に電波《でんぱ》で音声《おんせい》を送《おく》る

盗聴器《とうちょうき》のしくみは？何《なん》のために利用《りよう》される？

盗聴《とうちょう》とは、マイクで集音《しゅうおん》した音声《おんせい》を電波《でんぱ》によって発《はっ》信《しん》できる機器《きき》を利用《りよう》し、離《はな》れた場所《ばしょ》から相手《あいて》を監視《かんし》すること。その目的《もくてき》として、他人《たにん》が秘密《ひみつ》にしている情報《じょうほう》を、相手《あいて》に気《き》づかれることなく得《え》るために行《おこな》われることが多《おお》い。たとえば、ある人物《じんぶつ》が何《なに》か問題《もんだい》を抱《かか》えてないか調《しら》べたり、問題《もんだい》を抱《かか》えている場合《ばあい》はその証拠《しょうこ》を集《あつ》めたり、さらにライバル企業《きぎょう》の極秘情報《ごくひじょうほう》を盗《ぬす》み出《だ》そうとしたりするケースなどが当《あ》てはまる。

一般的《いっぱんてき》に盗聴器《とうちょうき》とは発信機《はっしんき》のことを指《さ》すが、発信機《はっしんき》を相手《あいて》の家《いえ》の中《なか》などに仕掛《しか》けるだけでは、集音《しゅうおん》した音《おん》声《せい》を聞《き》くことができない。発信機《はっしんき》が発《はっ》する電波《でんぱ》の周波《しゅうは》数《すう》に対応《たいおう》した受信機《じゅしんき》も用意《ようい》し、無線通信《むせんつうしん》で音声《おんせい》を聞《き》く必要《ひつよう》がある。ほかにも、集音《しゅうおん》マイクと録音機能《ろくおんきのう》を備《そな》えたボイスレコーダーを盗聴器《とうちょうき》として利用《りよう》し、録音《ろくおん》を開《かい》始《し》した状態《じょうたい》で室内《しつない》に仕掛《しか》けて後《あと》から回収《かいしゅう》するケースもある。この場合《ばあい》、受信機《じゅしんき》は不要《ふよう》だ。

日本《にほん》の法律《ほうりつ》では、盗聴器《とうちょうき》を仕掛《しか》けるために他人《たにん》の住《じゅう》居《きょ》に侵入《しんにゅう》したり、相手《あいて》のプライバシーを侵害《しんがい》する行為《こうい》が罪《つみ》に問《と》われることがあるので、絶対《ぜったい》しないでね。

盗聴器《とうちょうき》を発明《はつめい》したのは電子楽器《でんしがっき》の開発者《かいはっしゃ》テルミン

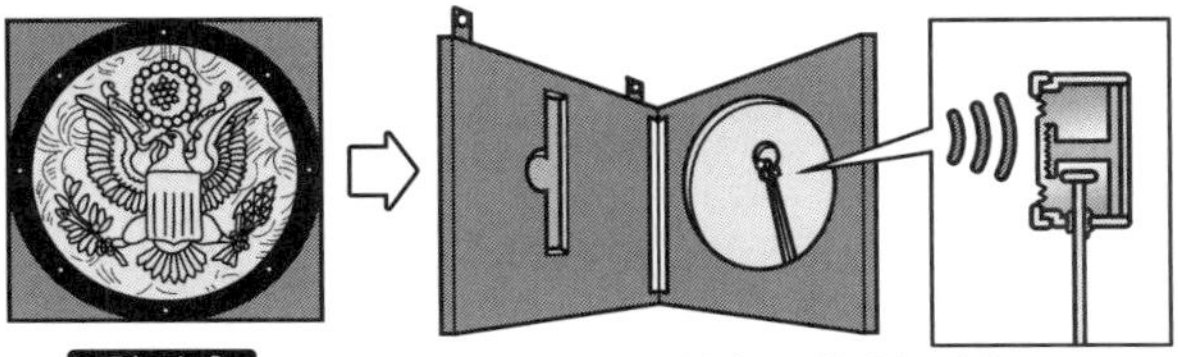

国章《こくしょう》

木彫《きぼ》りの国章《こくしょう》の裏側《うらがわ》に盗聴器《とうちょうき》が隠《かく》されていた

世界《せかい》で初《はじ》めて電子楽器《でんしがっき》を発明《はつめい》したソ連《れん》(現在《げんざい》のロシア)の物理学者《ぶつりがくしゃ》テルミンは、実《じつ》はスパイとしても活動《かつどう》していた。そして、ソ連《れん》とアメリカが激《はげ》しく対立《たいりつ》していた1940年代《ねんだい》に、画期的《かっきてき》な盗聴器《とうちょうき》をスパイ活動《かつどう》のために発明《はつめい》したんだ。

テルミンが発明《はつめい》した盗聴器《とうちょうき》には電源《でんげん》がなく、マイクとして働《はたら》く薄膜《はくまく》が貼《は》られたシリンダーとアンテナによって構成《こうせい》され、無線信号《むせんしんごう》の周波数《しゅうはすう》を合《あ》わせることで離《はな》れた場所《ばしょ》から盗聴《とうちょう》を開始《かいし》できる仕組《しく》み。当時《とうじ》の盗《とう》聴器《ちょうき》探知機《たんちき》は電源《でんげん》を備《そな》えた機器《きき》に対《たい》しては反応《はんのう》したものの、テルミンの盗聴器《とうちょうき》は電源《でんげん》を必要《ひつよう》としなかったため探知機《たんちき》に反応《はんのう》しなかった。しかも、無線《むせん》で通信《つうしん》するのでケーブルがなく、鉛筆《えんぴつ》よりも小《ちい》さいサイズだったため、発見《はっけん》するのはとても困難《こんなん》なものだったんだ。

この盗聴器《とうちょうき》は、1946年《ねん》にソ連《れん》のボーイスカウトグループがアメリカ大使館《たいしかん》に寄贈《きぞう》した木彫《きぼ》りの国章《こくしょう》の中《なか》に埋《う》め込《こ》まれ、大使館《たいしかん》から情報《じょうほう》を集《あつ》めるために使《し》用《よう》された。国章《こくしょう》を受《う》け取《と》った大使《たいし》は子《こ》どもたちからのプレゼントとして喜《よろこ》んで自分《じぶん》の部屋《へや》に飾《かざ》り、会話《かいわ》を盗《とう》聴《ちょう》されていることにまったく気《き》づかなかったという。アメリカの外交官《がいこうかん》が「ソ連《れん》が高性能《こうせいのう》な盗聴器《とうちょうき》を使《つか》っている」という情報《じょうほう》を入手《にゅうしゅ》し、高性能《こうせいのう》な検波機器《けんぱきき》で大使《たいし》館《かん》を調《しら》べたところ、木彫《きぼ》りの飾《かざ》り板《ばん》の裏側《うらがわ》に隠《かく》された盗聴器《とうちょうき》がようやく発見《はっけん》されたんだ。

レフ・テルミン

20世紀《せいき》ソ連《れん》の物理《ぶつり》学者《がくしゃ》で発明家《はつめいか》。機器《きき》に手《て》を近《ちか》づけるとさまざまな音《おと》が鳴《な》る電《でん》子楽器《しがっき》「テルミン」を発明《はつめい》した。

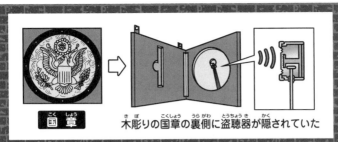

盗聴器《とうちょうき》はこんな場所《ばしょ》に隠《かく》されているかもしれない

近年《きんねん》は盗聴器《とうちょうき》の高性能化《こうせいのうか》と小型化《こがたか》が進《すす》み、いろいろな場所《ばしょ》に隠《かく》すことができるようになった。その中《なか》でも盗聴器《とうちょうき》が仕掛《しか》けられやすいのは、照明器具《しょうめいきぐ》の内部《ないぶ》、家具《かぐ》の裏側《うらがわ》、テレビの裏側《うらがわ》、エアコンの上部《じょうぶ》など、普段《ふだん》めったにさわらない場所《ばしょ》。時計《とけい》、電話《でんわ》、ぬいぐるみなど、常《つね》に同《おな》じ場所《ばしょ》に置《お》かれている道具《どうぐ》も隠《かく》し場所《ばしょ》として狙《ねら》われやすい。

また盗聴器《とうちょうき》には、日常生活《にちじょうせいかつ》で使《つか》う道具《どうぐ》のようにカモフラージュしたタイプもある。コンセントに差《さ》す電源《でんげん》タップ型《がた》をはじめ、ボールペン型《がた》やカード型《がた》など、一見《いっけん》しただけだと盗聴器《とうちょうき》と分《わ》からないものばかり！　買《か》ったつもりのない小物《こもの》が部屋《へや》にあったら要注意《ようちゅうい》だ。

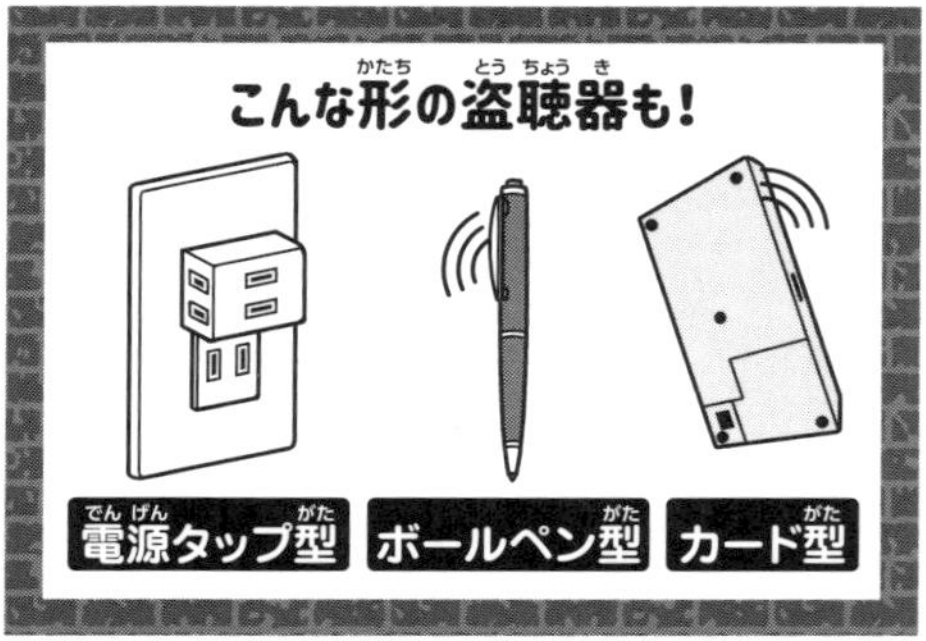
こんな形《かたち》の盗聴器《とうちょうき》も！
電源《でんげん》タップ型《がた》
ボールペン型《がた》
カード型《がた》

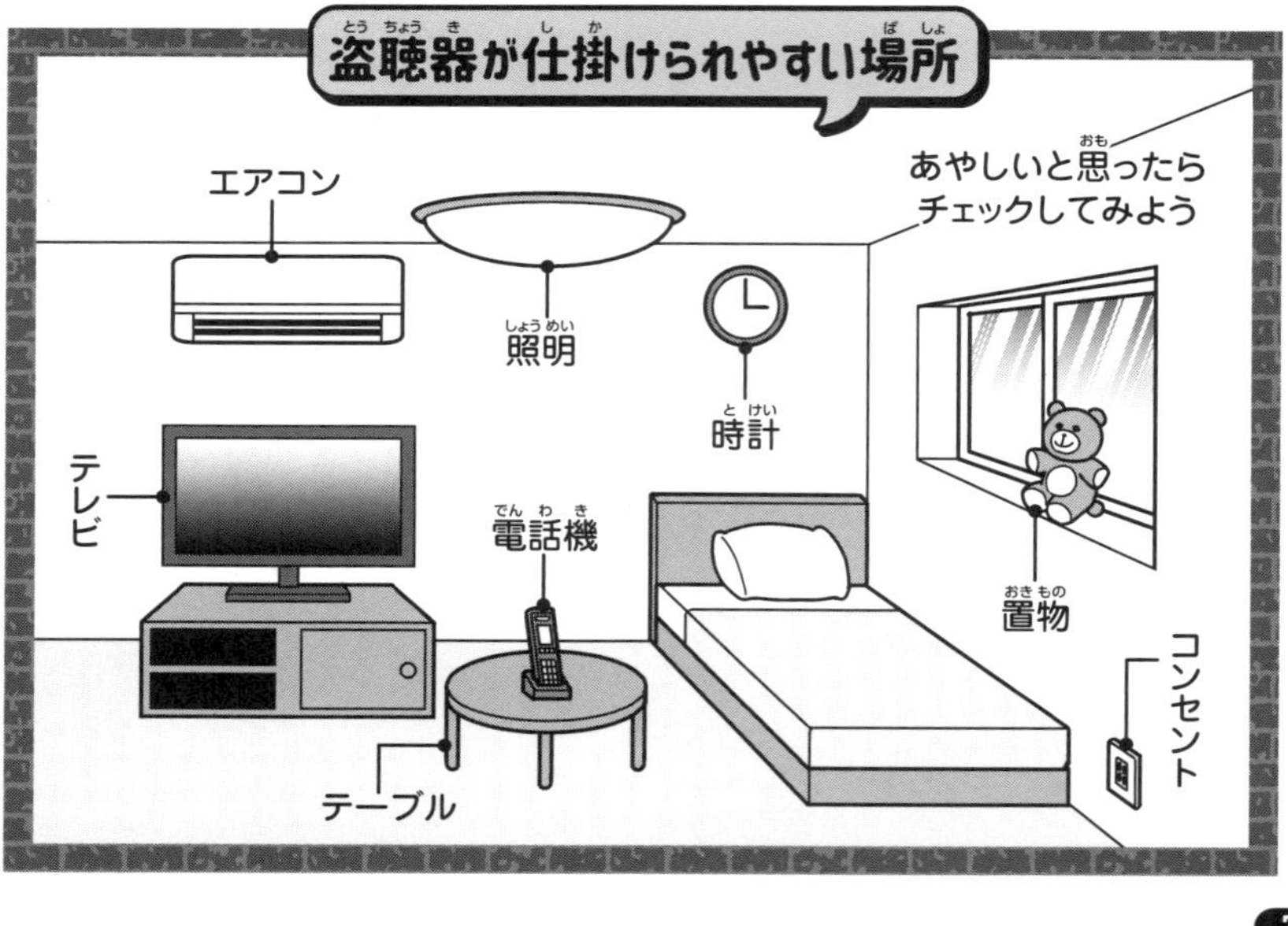
盗聴器《とうちょうき》が仕掛《しか》けられやすい場所《ばしょ》
あやしいと思《おも》ったらチェックしてみよう
エアコン
照明《しょうめい》
時計《とけい》
テレビ
電話機《でんわき》
置物《おきもの》
コンセント
テーブル

第《だい》2章《しょう》 まんが初登場《はつとうじょう》シーンでふりかえる!
発明《はつめい》グッズコレクション

「結成《けっせい》! 少年探偵団《しょうねんたんていだん》」

探偵団《たんていだん》のマストアイテムといえば!?

コミックス 6巻《かん》から 登場《とうじょう》!

友情力《ゆうじょうりょく》 NO.1

発明品《はつめいひん》07 「探偵《たんてい》バッジ」

超小型《ちょうこがた》のトランシーバーを内蔵《ないぞう》した、少年探偵団《しょうねんたんていだん》のメンバーバッジ。メンバー同士《どうし》で交信《こうしん》ができ、「犯人追跡《はんにんついせき》メガネ」と連動《れんどう》する機能《きのう》も持《も》つ。

少年探偵団《しょうねんたんていだん》のシンボルともいえる御存《ごぞん》じ、あの発明《はつめい》グッズが初登場《はつとうじょう》!!

これでキミもコナン博士《はかせ》！
名《めい》探《たん》偵《てい》コナンミニ情《じょう》報《ほう》！

蘭《らん》が携《けい》帯《たい》電《でん》話《わ》につけているストラップは、青《あお》山《やま》剛《ごう》昌《しょう》先《せん》生《せい》の漫《まん》画《が》『YAIBA《ヤイバ》』に登《とう》場《じょう》したキャラ「ナマコ男《おとこ》」。米《べい》花《か》水《すい》族《ぞく》館《かん》で売《う》っていたものを新《しん》一《いち》がプレゼントした。

「探偵《たんてい》バッジ」を身《み》につけた少年探偵団《しょうねんたんていだん》！ 本日《ほんじつ》から華麗《かれい》に（？）本格始動《ほんかくしどう》!!

阿笠博士《あがさはかせ》が作《つく》ってくれた「探偵《たんてい》バッジ」をつけて、少年探偵団《しょうねんたんていだん》が活動開始《かつどうかいし》。校内放送《こうないほうそう》で依頼人《いらいにん》を募集《ぼしゅう》し、事件解決《じけんかいけつ》にチャレンジだ!!

トランシーバーの発明《はつめい》と進化《しんか》

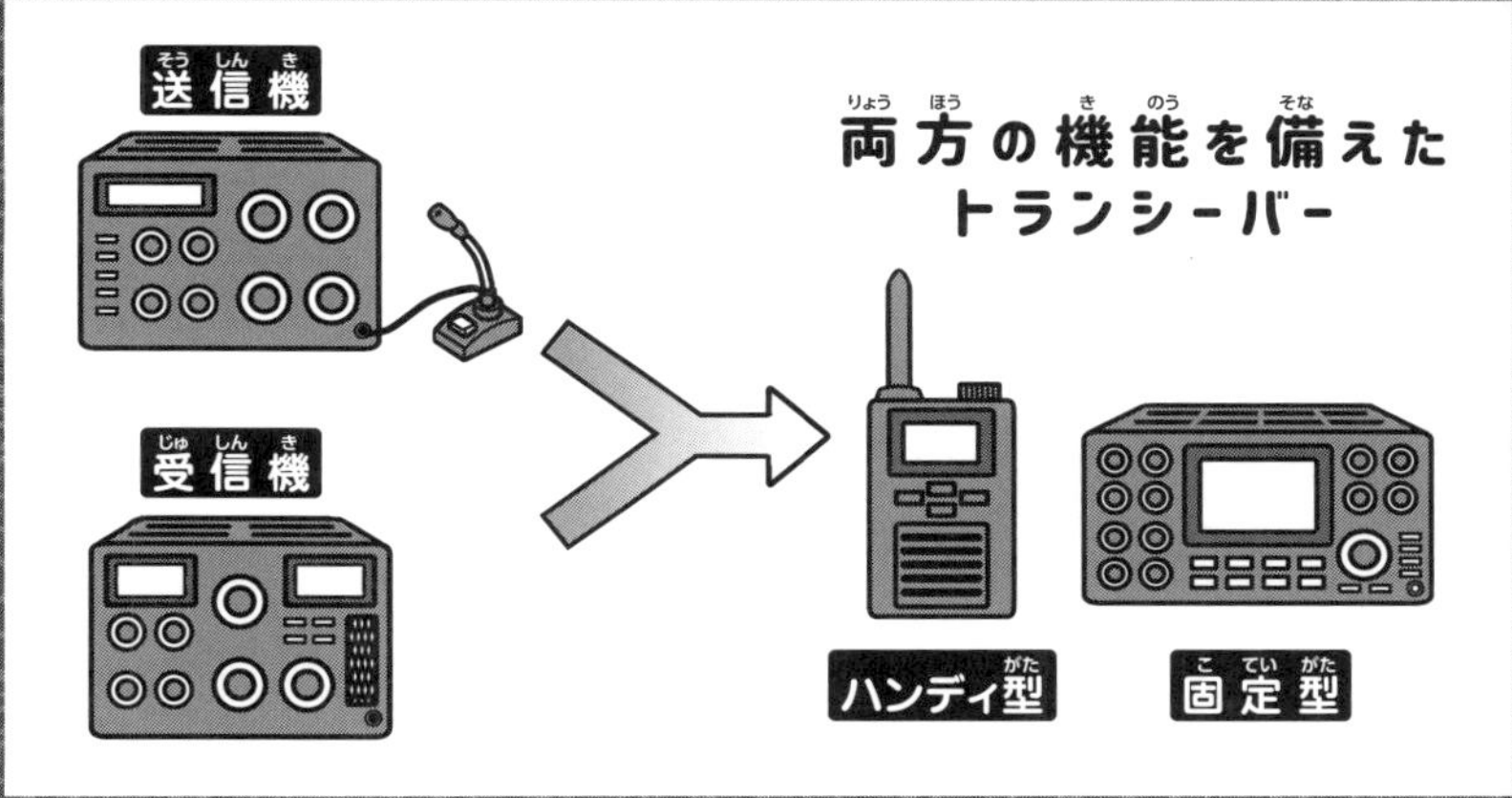

トランシーバーと無線機《むせんき》は何《なに》がちがうの？

少年探偵団《しょうねんたんていだん》が持《も》っている探偵《たんてい》バッジに内蔵《ないぞう》されているトランシーバーとは、電波《でんぱ》を利用《りよう》した無線通信《むせんつうしん》が可《か》能《のう》な機器《きき》のこと。持《も》ち歩《ある》いてどこからでも通信《つうしん》できるハンディ機《き》、自動車《じどうしゃ》に取《と》り付《つ》けるモービル機《き》、机《つくえ》の上《うえ》に置《お》いて本格的《ほんかくてき》な通信《つうしん》を行《おこな》うデスクトップ機《き》など、用途《ようと》によっていろいろなタイプがあるよ。

17ページで紹介《しょうかい》した無線機《むせんき》も無線通信《むせんつうしん》を行《おこな》う機器《きき》だけど、トランシーバーと何《なに》がちがうんだろう？ 無線《むせん》機《き》には、音声《おんせい》を電波《でんぱ》に変換《へんかん》して発信《はっしん》する送信機《そうしんき》と、電《でん》波《ぱ》をキャッチして音声《おんせい》に変換《へんかん》する受信機《じゅしんき》があるけれど、その両方《りょうほう》の機能《きのう》を1台《だい》で備《そな》えたものがトランシーバーなんだ。トランシーバーといえば携帯電話《けいたいでんわ》と同《おな》じぐらいのサイズのハンディ機《き》をイメージする人《ひと》が多《おお》いと思《おも》うけど、送信機《そうしんき》と受信機《じゅしんき》が一体《いったい》になっていれば、持《も》ち運《はこ》びできない固定《こてい》タイプでもトランシーバーだよ。

またトランシーバーには、音声《おんせい》の送受信《そうじゅしん》を行《おこな》うために特定《とくてい》の周波数《しゅうはすう》が割《わ》り当《あ》てられている。トランシーバーの周波数《しゅうはすう》は通信《つうしん》できる距離《きょり》がアマチュア無線《むせん》よりも短《みじか》く、数km《すうキロメートル》以上《いじょう》離《はな》れた相手《あいて》とは通信《つうしん》できないよ。

トランシーバーの便利《べんり》な機能《きのう》を活用《かつよう》している仕事《しごと》や場所《ばしょ》は？

ハンディ型《がた》のトランシーバーは軽《かる》くて持《も》ち運《はこ》びやすく、使《つか》い方《かた》もボタンを押《お》してトランシーバーに向《む》かって話《はな》すだけと簡単《かんたん》。しかも、携帯電話《けいたいでんわ》だと1対《たい》1でしか通話《つうわ》できないけど、トランシーバーは同《おな》じ周波数《しゅうはすう》を共有《きょうゆう》する相手《あいて》であれば、一度《いちど》に多《おお》くの人《ひと》へ音声《おんせい》を伝《つた》えることが可能《かのう》（ただし受信側《じゅしんがわ》は、送信者《そうしんしゃ》が話《はな》している間《あいだ》は受信《じゅしん》しかできない）。複数《ふくすう》の人《ひと》に何度《なんど》も同《おな》じ連絡《れんらく》をしたり、ほかの人《ひと》に伝言《でんごん》をお願《ねが》いする必要《ひつよう》もなく、素早《すばや》く全員《ぜんいん》で同《おな》じ情報《じょうほう》を共有《きょうゆう》できるよ。

またトランシーバーは、基地局《きちきょく》を経由《けいゆ》して相手《あいて》と通話《つうわ》する携帯電話《けいたいでんわ》とはちがい、端末同士《たんまつどうし》で直接電波《ちょくせつでんば》を送受信《そうじゅしん》することが可能《かのう》。携帯電話《けいたいでんわ》だと圏外《けんがい》でつながらなかったり電波《でんぱ》が不安定《ふあんてい》な場所《ばしょ》でも、また災害《さいがい》で基地局《きちきょく》が停電《ていでん》になっても、お互《たが》いの電波《でんぱ》が届《とど》く範囲《はんい》であればいつでもどこでもやり取《と》りできるんだ。

こうした便利《べんり》な機能《きのう》を備《そな》えたトランシーバーは、コミュニケーションを多《おお》く行《おこな》うさまざまな業務《ぎょうむ》に活用《かつよう》されている。たとえば、ホテルやレストランなどでの離《はな》れたスタッフ同士《どうし》の連絡《れんらく》、工事現場《こうじげんば》のリーダーから作業員《さぎょういん》たちへの指示《しじ》、さらに外《そと》で活動《かつどう》する警察官《けいさつかん》と警察本部《けいさつほんぶ》との連絡《れんらく》など特殊《とくしゅ》な業務《ぎょうむ》にも用《もち》いられているよ。

トランシーバーはいろんな場所《ばしょ》で活躍《かつやく》

警察《けいさつ》の捜査《そうさ》

工事《こうじ》の現場《げんば》

ホテルやレストラン

持《も》ち運《はこ》び可能《かのう》なトランシーバーはいつごろ発明《はつめい》された？

19世紀末《せいきまつ》にマルコーニが無線機《むせんき》を開発《かいはつ》し、さらにモールス信号《しんごう》だけでなく音声《おんせい》の通信《つうしん》も可能《かのう》になると、現代《げんだい》の携帯電話《けいたいでんわ》のように持《も》ち歩《ある》きながら話《はな》せるよう小型《こがた》トランシーバーの開発《かいはつ》が始《はじ》まったんだ。

そんな中《なか》、1937年《ねん》にカナダの発明家《はつめいか》ドナルド・ヒングスが、飛行機墜落事故《ひこうきついらくじこ》の際《さい》に生存者《せいぞんしゃ》が救助隊《きゅうじょたい》を呼《よ》ぶための携帯型《けいたいがた》トランシーバーを発明《はつめい》した。トースターくらいのサイズで5・5kg《キログラム》もの重《おも》さだったけど、それでも外《そと》に持《も》ち運《はこ》ぶことができる画期的《かっきてき》なものだった。1938年《ねん》には無線技師《むせんぎし》アルフレッド・J《ジェイ》・グロスが、それより小型《こがた》で軽《かる》いトランシーバーを自分用《じぶんよう》に発明《はつめい》したよ。

ヒングスが発明《はつめい》した携帯型《けいたいがた》トランシーバー

そして1940年《ねん》には、無線機《むせんき》メーカーのモトローラ社《しゃ》が、重《おも》さが2・2kg《キログラム》と片手《かたて》で持《も》つことができるサイズのハンディトランシーバー「SCR《エスシーアール》-536」を開発《かいはつ》した。これは受話口《じゅわぐち》と通話口《つうわぐち》が電話《でんわ》の受話器《じゅわき》のような構造《こうぞう》になっていて、ボタン1つで簡単《かんたん》に使《つか》いやすいのも大《おお》きな特長《とくちょう》。それまで背負《せお》うタイプの無線機《むせんき》を採用《さいよう》していた米軍《べいぐん》で広《ひろ》く用《もち》いられ、戦争《せんそう》が終《お》わるとモトローラ社《しゃ》は民間用《みんかんよう》の携帯型《けいたいがた》トランシーバーを次々《つぎつぎ》と開発《かいはつ》していったんだ。

アルフレッド・J《ジェイ》・グロス

トランシーバーの発明者《はつめいしゃ》。腕時計型《うでどけいがた》のタイプも設計《せっけい》し、当時《とうじ》の刑事《けいじ》コミック『ディック・トレイシー』にも描《えが》かれた。

電話《でんわ》のように話《はな》せるサイズと形状《けいじょう》に

携帯《けいたい》電話《でんわ》とトランシーバーの良《よ》いところを備《そな》えたIP《アイピー》無線機《むせんき》

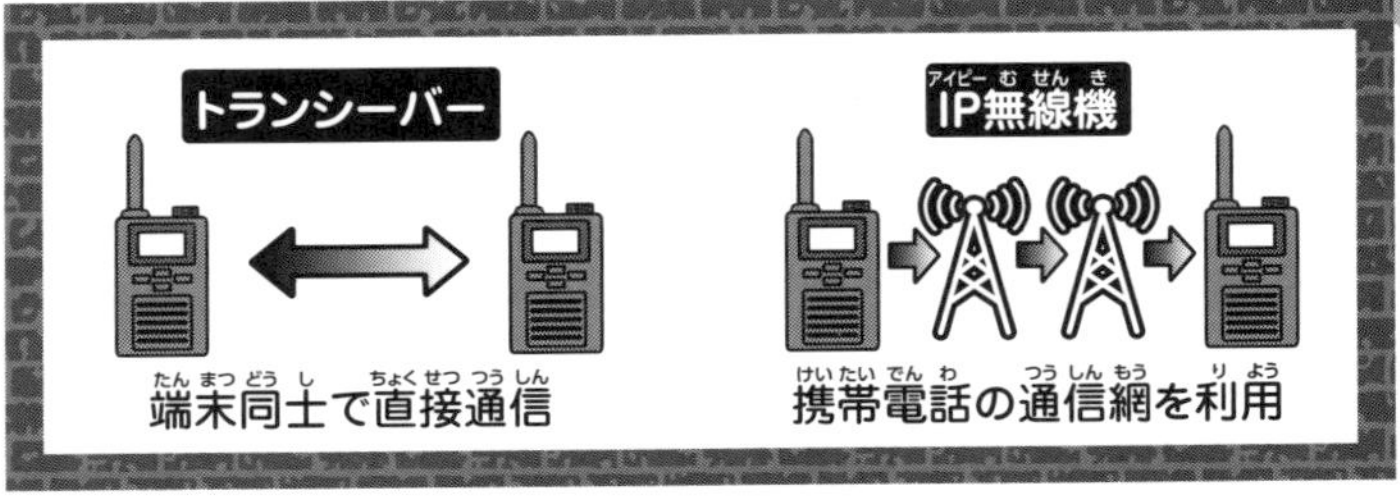
トランシーバー
IP《アイピー》無線機《むせんき》
端末同士《たんまつどうし》で直接通信《ちょくせつつうしん》
携帯電話《けいたいでんわ》の通信網《つうしんもう》を利用《りよう》

トランシーバーは誰《だれ》でも手軽《てがる》に無線《むせん》通信《つうしん》を行《おこな》うことができる便利《べんり》な機器《きき》。しかし、電波《でんぱ》の届《とど》く範囲《はんい》は数km《すうキロメートル》離《はな》れた場所《ばしょ》が限界《げんかい》で、使用《しよう》する相手《あいて》や場所《ばしょ》が限《かぎ》られてしまう。そうした欠点《けってん》を補《おぎな》うため、インターネットとIT《アイティー》を活用《かつよう》したトランシーバー「IP《アイピー》無線機《むせんき》」が2010年代《ねんだい》に開発《かいはつ》された。

IP《アイピー》無線機《むせんき》のIP《アイピー》とはインターネット・プロトコル（Internet《インターネット》 Protocol《プロトコル》）の略称《りゃくしょう》。携帯《けいたい》電話《でんわ》のパケット通信網《つうしんもう》などのデータ回線《かいせん》を利用《りよう》し、音声《おんせい》データを送受信《そうじゅしん》して通話《つうわ》を行《おこな》うしくみになっている。つまり、携帯電話《けいたいでんわ》の電波《でんぱ》が届《とど》く範囲《はんい》であれば、日本全国《にほんぜんこく》どこでも、そしてどれだけ離《はな》れた相手《あいて》とでも通信《つうしん》が可能《かのう》になる。しかも、一度《いちど》に複数《ふくすう》の人数《にんずう》へ音声《おんせい》を発信《はっしん》するという、トランシーバーならではの機能《きのう》はそのままなんだ。

こうしたメリットを活《い》かすことで、従来《じゅうらい》のトランシーバーの用途《ようと》だけでなく、マラソン大会《たいかい》など広《ひろ》い場所《ばしょ》で行《おこな》うイベントでのスタッフ同士《どうし》の通信《つうしん》、病院《びょういん》など大規模《だいきぼ》な施設《しせつ》で働《はたら》く職員《しょくいん》たちの連携《れんけい》、長距離《ちょうきょり》バスや長距離《ちょうきょり》トラックなど広《ひろ》い範囲《はんい》を移動《いどう》する車両《しゃりょう》からの連絡《れんらく》など、より幅広《はばひろ》い形《かたち》で活用《かつよう》されているよ。

集合《しゅうごう》してください！

一度《いちど》に複数《ふくすう》の人《ひと》へ音声《おんせい》を発信《はっしん》できる

こんなにある! 日本《にほん》で最初《さいしょ》に生《う》まれた発明品《はつめいひん》

ライター

江戸時代《えどじだい》に発明家《はつめいか》として活躍《かつやく》した平賀源内《ひらがげんない》が、今日《こんにち》のライターの始《はじ》まりとされる刻《きざ》みたばこ用《よう》の点《てん》火器《かき》を発明《はつめい》。ゼンマイを使用《しよう》して火打石《ひうちいし》に鉄《てつ》をぶつけ、内部《ないぶ》にある「もぐさ」に火花《ひばな》を飛《と》ばして着火《ちゃっか》させるしくみだ。

電気炊飯器《でんきすいはんき》(国産初自動式電気釜《こくさんはつじどうしきでんきがま》)

画像提供:一般社団法人日本電機工業会

家電《かでん》メーカーからの開発依頼《かいはついらい》を受《う》けた工業技術者《こうぎょうぎじゅつしゃ》の三並義忠《みなみよしただ》が、炊飯《すいはん》が終了《しゅうりょう》すると自動《じどう》でスイッチが切《き》れる電気炊飯器《でんきすいはんき》を1955年《ねん》に発明《はつめい》。釜《かま》を二重《にじゅう》にして外側《そとがわ》の釜《かま》に水《みず》を入《い》れ、水《みず》が蒸発《じょうはつ》する温度《おんど》に達《たっ》するとスイッチが切《き》れるんだ。

インスタントラーメン

画像提供:日清食品株式会社

日清食品《にっしんしょくひん》の創業者《そうぎょうしゃ》である安藤百福《あんどうももふく》が、味付《あじつ》けしためんを高温《こうおん》の油《あぶら》で揚《あ》げることによって長《なが》く保存《ほぞん》できる乾燥方法《かんそうほうほう》を開発《かいはつ》。お湯《ゆ》をかけるだけで食《た》べることのできるインスタントラーメン「チキンラーメン」を1958年《ねん》に発明《はつめい》した。

ノートパソコン

画像提供:Dynabook株式会社

机《つくえ》に備《そな》えつけるタイプのパソコンが主流《しゅりゅう》だった1989年《ねん》に、使《つか》いたい場所《ばしょ》に持《も》ち歩《ある》くことのできるノートパソコン「DynaBook《ダイナブック》 J-3100 SS001」を東芝《とうしば》(※)が発明《はつめい》。薄型《うすがた》の液晶《えきしょう》ディスプレイを採用《さいよう》し、小型《こがた》化《か》と軽量化《けいりょうか》(2.7kg《キログラム》)に成功《せいこう》した。

※現在《げんざい》のDynabook《ダイナブック》株式会社《かぶしきがいしゃ》

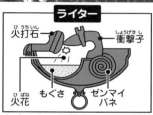

第《だい》2章《しょう》 まんが初登場《はつとうじょう》シーンでふりかえる!
発明《はつめい》グッズコレクション

「新一《しんいち》の恋人《こいびと》!!」

ユニークな発《はつ》明《めい》品《ひん》は、
ヒヤヒヤの場《ば》面《めん》で登《とう》場《じょう》!?

コミックス
7巻《かん》から
登場《とうじょう》!

満腹度《まんぷくど》(?) NO.1

発明品《はつめいひん》08 [弁当型携帯《べんとうがたけいたい》FAX《ファクス》]

お弁当《べんとう》に電話付《でんわつ》きFAX《ファクス》をつけた発明《はつめい》グッズ。ご飯《はん》の上《うえ》にのった梅干《うめぼ》しを押《お》すと起動《きどう》し、電話《でんわ》やFAX《ファクス》が使用《しよう》できるぞ。おかずは本物《ほんもの》だ!

毛利《もうり》探偵事務所《たんていじむしょ》に来《き》た依頼人《いらいにん》が捜《さが》すのは「恋人《こいびと》」の工藤新一《くどうしんいち》!?

毛利《もうり》探偵事務所《たんていじむしょ》に女子高生《じょしこうせい》が人捜《ひとさが》しの依頼《いらい》にやって来《き》た。捜《さが》してほしい相手《あいて》とは「工藤新一《くどうしんいち》」。赤木量子《あかぎりょうこ》と名乗《なの》る彼女《かのじょ》は、新一《しんいち》と付《つ》き合《あ》っていたと告白《こくはく》するのだが…。

▼▶冷静《れいせい》さを失《うしな》った蘭《らん》。コナンには、もう止《と》められない!?

衝撃《しょうげき》の言葉《ことば》に怒《いか》り心頭《しんとう》の蘭《らん》は、新一《しんいち》捜《さが》しを開始《かいし》するが……!?

赤木量子《あかぎりょうこ》は、恋人《こいびと》である新一《しんいち》が突然《とつぜん》学校《がっこう》へ来《こ》なくなったので、捜《さが》して欲《ほ》しいと頼《たの》んできた。その話《はなし》に驚《おどろ》きと怒《いか》りを隠《かく》せない蘭《らん》。蘭《らん》は量子《りょうこ》の家《いえ》に新一《しんいち》が来《く》るかもしれないと考《かんが》え、コナンを引《ひ》き連《つ》れて量子《りょうこ》の家《いえ》へ向《む》かう! しかし、いざ訪《たず》ねてみると、家《いえ》の中《なか》の様子《ようす》がちょっとヘンで…。

コナンが調《しら》べた依頼人《いらいにん》の部屋《へや》は荒《あ》らされていた!!

量子《りょうこ》の家《いえ》の様子《ようす》が、ところどころヘンだと感《かん》じたコナン。トイレへ行《い》くといって家《いえ》の中《なか》を調《しら》べると、メチャクチャに荒《あ》らされた部屋《へや》を発見《はっけん》!! これはいったい!?

へ…
部屋《へや》が荒《あ》らされてる…
これはいったい!?

激《はげ》しい荒《あ》らされ具合《ぐあい》からコナンは真相《しんそう》を推理《すいり》!!

コナンは、この家《いえ》にはもともと男《おとこ》の兄弟《きょうだい》が住《す》んでいたこと、赤木量子《あかぎりょうこ》は偽名《ぎめい》でこの家《いえ》の住人《じゅうにん》ではないことを見破《みやぶ》る。

じゃーなんなんだ? この家《いえ》の住人《じゅうにん》と名乗《なの》る、あの赤木量子《あかぎりょうこ》という女《おんな》は…
いったい何者《なにもの》なんだ!?
……とにかく、もっと調《しら》べてみないと…
なにがなんだか…
!?

あれっきゃない!!
バタン

◀▲▼量子《りょうこ》の様子《ようす》と家《いえ》の中《なか》の状況《じょうきょう》から、コナンは起《お》きた事件《じけん》を理解《りかい》する。

玄関《げんかん》のドアをこじ開《あ》けた跡《あと》…
タタタ
荒《あ》らされた子供部屋《こどもべや》…
そして警察《けいさつ》にも探偵《たんてい》にもいえない事件《じけん》…
そんな事件《じけん》は…

コナンは「弁当《べん とう》型《がた》携帯《けい たい》FAX《ファクス》」を使《つか》って依頼人《い らい にん》と事件《じ けん》の情報《じょう ほう》を交換《こう かん》する!!

コナンは「弁当型携帯《べんとうがたけいたい》FAX《ファクス》」で、トイレの中《なか》から工藤新一《くどうしんいち》として量子《りょうこ》に電話《でんわ》。そして起《お》きている事件《じけん》の内容《ないよう》を聞《き》き出《だ》した。

▲お弁当《べんとう》にカモフラージュしたFAX《ファクス》だから、周囲《しゅうい》の人《ひと》には気《き》づかれない!?

電話《でん わ》での声《こえ》から蘭《らん》は新一《しん いち》の存在《そん ざい》を近《ちか》くに感《かん》じ取《と》る!!

新一《しんいち》からの電話《でんわ》を量子《りょうこ》にかわってもらった蘭《らん》は、怒鳴《どな》り声《ごえ》を上《あ》げる! その声《こえ》が新一《しんいち》の電話《でんわ》からも聞《き》こえたため、新一《しんいち》もこの家《いえ》にいると気《き》づいてしまう。

▲コナンは、事件《じけん》と怒《いか》りに燃《も》える蘭《らん》を相手《あいて》にする必要《ひつよう》が!?

FAX《ファクス》の発明《はつめい》と進化《しんか》

FAX《ファクス》は広《ひろ》く利用《りよう》されている!

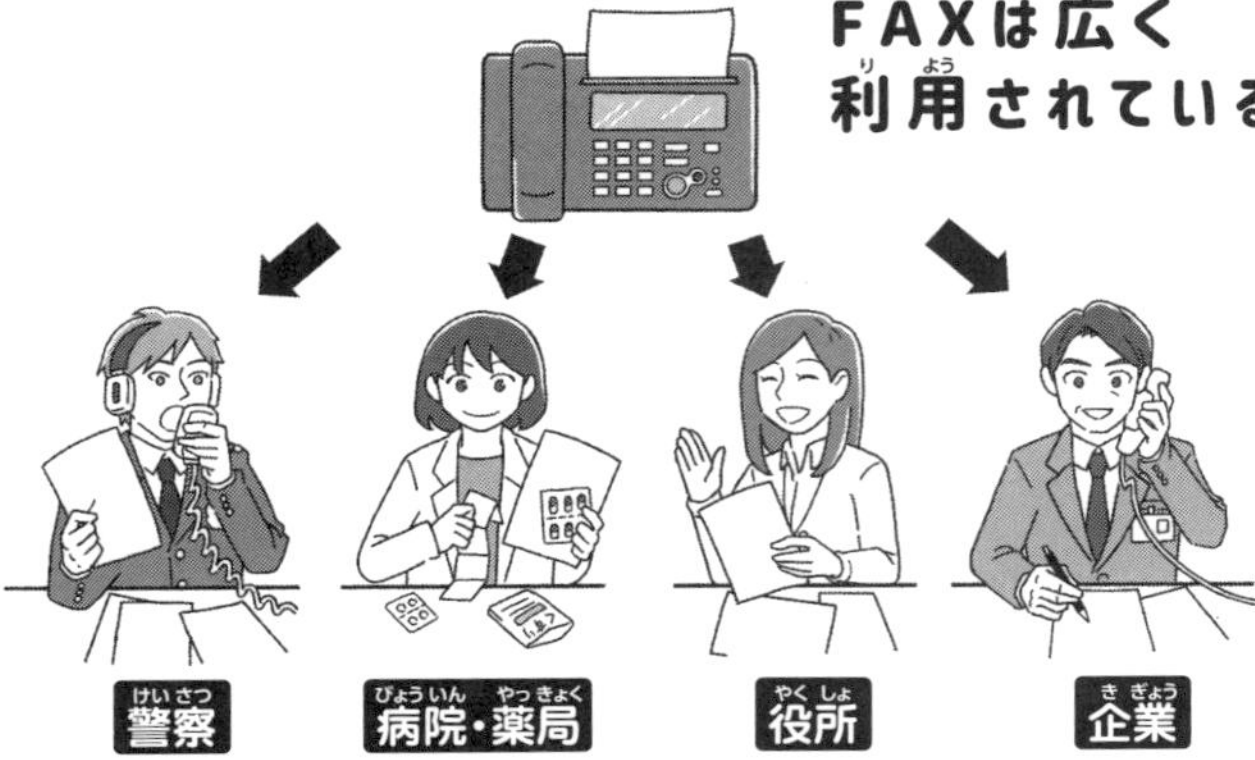

FAX《ファクス》ってどんな仕組《しく》み? どんな人《ひと》たちが使《つか》っているの!?

電話《でんわ》回線《かいせん》を使《つか》って離《はな》れた場所《ばしょ》に文《も》字《じ》や絵《え》などの画像《がぞう》を送《おく》れるFAX《ファクス》。昔《むかし》から使《つか》われているこの装置《そうち》は、いったいどんな仕組《しく》みなんだろう?

FAX《ファクス》の原理《げんり》

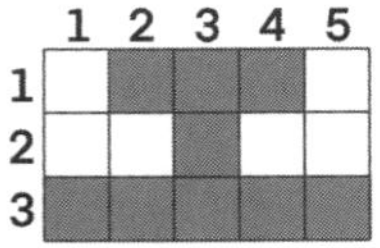

絵《え》や字《じ》を白黒《しろくろ》の信号《しんごう》に読《よ》み変《か》えて送信《そうしん》し、その信号《しんごう》を絵《え》や字《じ》に戻《もど》して受信《じゅしん》する

簡単《かんたん》に説明《せつめい》すると、FAX《ファクス》機《き》で読《よ》み取《と》った画像《がぞう》を「お絵《え》かきロジック」(ヒントを元《もと》にマス目《め》を塗《ぬ》りつぶして絵《え》を完成《かんせい》させるパズル)のようなデータに変換《へんかん》して、受信側《じゅしんがわ》のFAX《ファクス》機《き》へ送《おく》る仕組《しく》みなんだ。

手軽《てがる》に画像《がぞう》を送《おく》れる便利《べんり》な装置《そうち》だけど、インターネットが発達《はったつ》して使《つか》われる数《かず》が減《へ》り、近《ちか》いうちになくなるとの声《こえ》もあるが、実《じつ》はそんなことはない。セキュリティの関係《かんけい》でインターネットをあまり使《つか》えない警察《けいさつ》や病院《びょういん》などで、今《いま》でも数多《かずおお》く使《つか》われているんだ。データを盗《ぬす》まれたり、ハッキングを受《う》ける心配《しんぱい》が少《すく》ないFAX《ファクス》は、安心安全《あんしんあんぜん》な通信装置《つうしんそうち》といえるよ。

電話《でんわ》よりも先《さき》に発明《はつめい》されていた!? 日本《にほん》でも独自《どくじ》の進化《しんか》を遂《と》げたぞ!!

FAX《ファクス》は電話回線《でんわかいせん》を使《つか》って画像《がぞう》を送《おく》り、電話機《でんわき》といっしょになっている場合《ばあい》が多《おお》いから、電話《でんわ》に付随《ふずい》した発明《はつめい》だと思《おも》われがち。でもじつは、電話《でんわ》よりも33年《ねん》も前《まえ》の1843年《ねん》に、スコットランドの機械技師《きかいぎし》のアレクサンダー・ベインによって発明《はつめい》されている。古《ふる》い発明品《はつめいひん》なので、1860年《ねん》にはフランスの第二帝政《だいにていせい》の皇帝《こうてい》ナポレオン3世《せい》が、フランス国内《こくない》に導入《どうにゅう》するためFAX《ファクス》を注文《ちゅうもん》した記録《きろく》が残《のこ》っているほどなんだ。

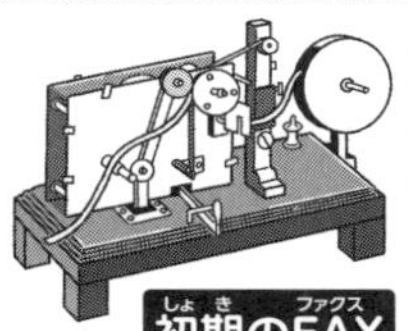
初期《しょき》のFAX《ファクス》

アレクサンダー・ベイン

1811年《ねん》、スコットランド生《う》まれ。FAX《ファクス》を発明《はつめい》した機械技師《きかいぎし》だけど、時計技師《とけいぎし》でもあり電気時計《でんきどけい》も発明《はつめい》しているぞ。

一方《いっぽう》、日本《にほん》では幕末期《ばくまつき》にFAX《ファクス》が輸入《ゆにゅう》されてから使《つか》われはじめた。その後《ご》1928年《ねん》に日本電気《にほんでんき》（現《げん》NEC《エヌイーシー》）社員《しゃいん》の丹羽保次郎《にわやすじろう》と小林正次《こばやしまさつぐ》が共同開発《きょうどうかいはつ》で国産初《こくさんはつ》のFAX《ファクス》を完成《かんせい》させているんだ。このFAX《ファクス》はNE式《エヌイーしき》と呼《よ》ばれ、それまでのものとは段違《だんちが》いに鮮明《せんめい》な画像《がぞう》の送信《そうしん》ができたよ。NE式《エヌイーしき》FAX《ファクス》の登場《とうじょう》で大《おお》きく変《か》わったのが新聞《しんぶん》で、以前《いぜん》は東京《とうきょう》から大阪《おおさか》などに汽車《きしゃ》や自動車《じどうしゃ》で写真《しゃしん》を送《おく》っていたのをFAX《ファクス》で送《おく》れるようになった。

そのため、日本《にほん》の各地《かくち》で同《おな》じ日《ひ》に号外《ごうがい》を出《だ》すことが可《か》能《のう》になったんだ。それ以降《いこう》、日本製《にほんせい》のFAX《ファクス》は大《おお》きく発展《はってん》していき、1980〜90年代《ねんだい》では世界《せかい》のFAX《ファクス》機市場《きしじょう》を席巻《せっけん》するほどの絶大《ぜつだい》な人気《にんき》を得《え》たんだ。

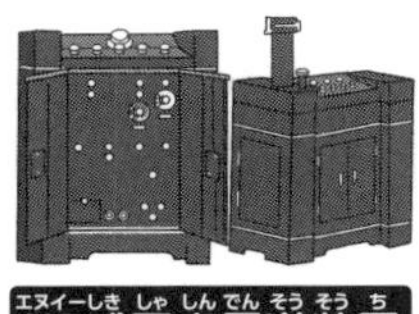
NE式写真電送装置《エヌイーしきしゃしんでんそうそうち》

丹羽保次郎《にわやすじろう》

1893年《ねん》生《う》まれ、三重県出身《みえけんしゅっしん》。元日本電気《もとにほんでんき》社員《しゃいん》で東京電機大学《とうきょうでんきだいがく》の初代学長《しょだいがくちょう》。特許庁《とっきょちょう》が選定《せんてい》する日本《にっぽん》の十《じゅう》大発明家《だいはつめいか》の一人《ひとり》だ。

コピー機《き》の発明《はつめい》と進化《しんか》

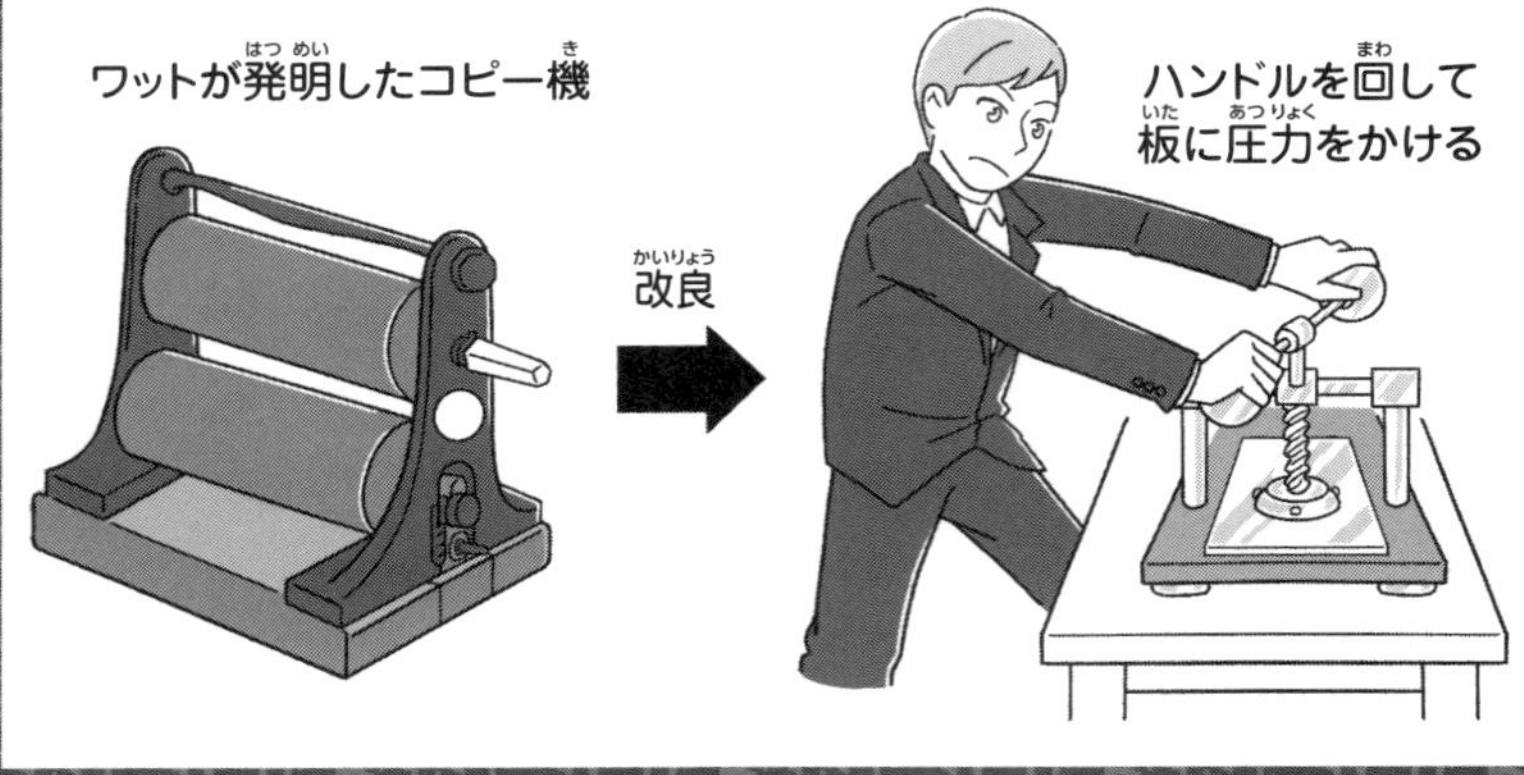

世界初《せかいはつ》のコピー機《き》の誕生《たんじょう》！最初《さいしょ》はどんな仕組《しく》みだった!?

必要《ひつよう》とされる機能《きのう》に同《おな》じようなものが多《おお》いため、オフィスなどではFAX《ファクス》との複合機《ふくごうき》として使《つか》われているコピー機《き》。書類《しょるい》や画像《がぞう》の書《か》かれた紙《かみ》を手軽《てがる》にコピーできる便利《べんり》な機器《きき》は、いつ頃《ごろ》発明《はつめい》されたのだろう？

機械《きかい》としてのコピー機《き》が発明《はつめい》されたのは1779年《ねん》。蒸気機関《じょうききかん》を作《つく》った発明家《はつめいか》、ジェームズ・ワットによって開発《かいはつ》された。ただし、このとき開発《かいはつ》されたコピー機《き》は使《つか》いづらく商品化《しょうひんか》にはほど遠《とお》く、その後《ご》改良《かいりょう》され1800年代《ねんだい》の中頃《なかごろ》に、ついに実用化《じつようか》となった。このコピー機《き》は「コピープレス」と呼《よ》ばれるもので、特殊《とくしゅ》なインクで書《か》いた書類《しょるい》の上《うえ》に湿《しめ》らせた半透明《はんとうめい》のコピーペーパーをのせて強《つよ》い圧力《あつりょく》をかけることで、下《した》の文章《ぶんしょう》を上《うえ》の紙《かみ》に染《し》み出《だ》させる仕組《しく》みだった。最初《さいしょ》に作《つく》られたタイプは強《つよ》い圧力《あつりょく》をかけられず上手《うま》くいかなかったが、ハンドルを回《まわ》して紙《かみ》に強《つよ》い圧力《あつりょく》をかける改良型《かいりょうがた》は綺麗《きれい》なコピーが可能《のう》になったんだ。

その後《ご》コピー機《き》は大《おお》きく進化《しんか》し、カラーで精密《せいみつ》なコピーができるようになった。コンビニなどでも手軽《てがる》に利用《りよう》できる生活《せいかつ》に欠《か》かせない機器《きき》となっているぞ。

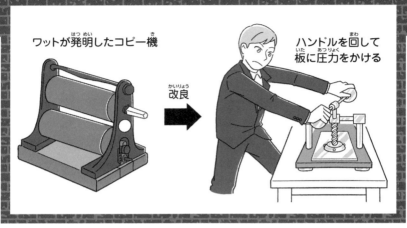

ドイツで誕生《たんじょう》した新型《しんがた》コピー機《き》 日本《にほん》でも同《どう》タイプが登場《とうじょう》!!

1951年《ねん》になるとドイツで「ジアゾ式複写機《しきふくしゃき》」というコピー機《き》が誕生《たんじょう》した。これは薬品《やくひん》に紫外線《しがいせん》を照射《しょうしゃ》して、化学反応《かがくはんのう》でコピーするという仕組《しく》みだった。コピー紙《し》に複写《ふくしゃ》される文字《もじ》や画像《がぞう》が主《おも》に青色《あおいろ》だったので「青《あお》焼《や》き複写機《ふくしゃき》」とも呼《よ》ばれていたぞ。

日本《にほん》では、この「ジアゾ式複写機《しきふくしゃき》」タイプの国産初《こくさんはつ》の卓上《たくじょう》コピー機《き》「リコピー101」が1955年《ねん》にリコーから発売《はつばい》。外国製《がいこくせい》の大型《おおがた》のコピー機《き》しかなかった時代《じだい》に、卓上《たくじょう》に置《お》ける小型化《こがたか》を実現《じつげん》。さらに1分間《ぶんかん》に5枚《まい》相当《そうとう》のコピーが可能《かのう》で大人気《だいにんき》に。その後《ご》シリーズが数多《かずおお》く登場《とうじょう》するヒット商品《しょうひん》となった。この「リコピー101」は、2012年《ねん》に日本機械学会《にほんきかいがっかい》から「機械遺産《きかいいさん》」の第《だい》54号《ごう》に、2018年《ねん》には日本画像学会《にほんがぞうがっかい》によって「複写機遺産《ふくしゃきいさん》」第《だい》1号《ごう》に認定《にんてい》されているぞ。

日本初《にほんはつ》の卓上型複写機《たくじょうがたふくしゃき》「リコピー101」

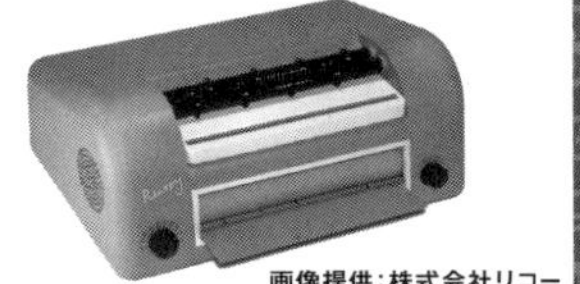

画像提供:株式会社リコー

アメリカで生《う》まれた〝ゼロックス〟は 現代《げんだい》のコピー機《き》の基礎《きそ》を作《つく》った!!

1955年《ねん》にアメリカで「PPC《ピーピーシー》複写機《ふくしゃき》」というコピー機《き》が誕生《たんじょう》した。このコピー機《き》は上《うえ》の図《ず》のように電気《でんき》の力《ちから》で文字《もじ》や画像《がぞう》を印刷《いんさつ》する、「ゼログラフィ」という技術《ぎじゅつ》が使《つか》われている。「ジアゾ式複写機《しきふくしゃき》」が「青焼《あおや》き複写機《ふくしゃき》」と呼《よ》ばれたのに対《たい》し、「PPC《ピーピーシー》複写機《ふくしゃき》」は「白焼《しろや》き複写機《ふくしゃき》」と呼《よ》ばれていた。これまでのコピー機《き》とちがい、特別《とくべつ》な薬品《やくひん》を塗《ぬ》った用紙《ようし》が必要《ひつよう》なく普通《ふつう》の紙《かみ》が使用《しよう》できる。さらに、コピーするときに文字《もじ》や画像《がぞう》の拡大《かくだい》や縮小《しゅくしょう》ができるなど、とても便利《べんり》な機能《きのう》を持《も》っていた。現代《げんだい》のコピー機《き》の主流型《しゅりゅうがた》となっている大《おお》きな発明《はつめい》だったんだ。

電気《でんき》で印刷《いんさつ》するしくみ

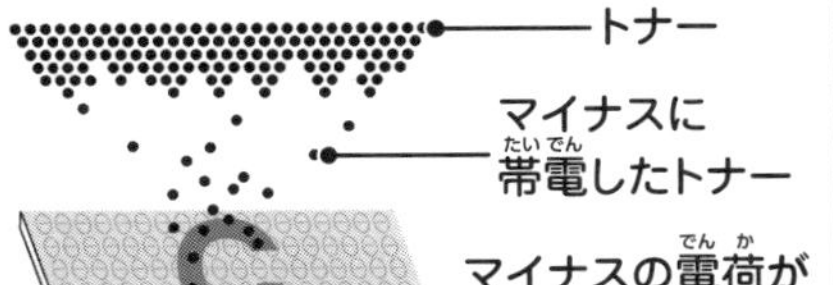
トナー
マイナスに帯電《たいでん》したトナー
マイナスの電荷《でんか》がないところにトナーが付着《ふちゃく》する

「修行《しゅぎょう》の闇《ま》」

山深《やまぶか》い古寺《ふるでら》。
待《ま》ち受《う》けていたのは!?
コミックス
11巻《かん》から
登場《とうじょう》!
名探偵コナン
手軽度《てがるど》
NO.1

発明品《はつめいひん》09 [ボタン型《がた》スピーカー]

裏《うら》がシールになっていて、簡単《かんたん》に貼《は》れる小型《こがた》スピーカー。「蝶《ちょう》ネクタイ型変声機《がたへんせいき》」の声《こえ》を飛《と》ばせるので、小五郎《こごろう》の身体《からだ》によく貼《は》られる。

車《くるま》のパンクで山奥《やまおく》のお寺《てら》に泊《と》まることになったコナン一行《いっこう》

小五郎《こごろう》の車《くるま》で山道《やまみち》を移動中《いどうちゅう》、タイヤがパンクして立《た》ち往生《おうじょう》することになったコナンたち。しかたなく近《ちか》くの山寺《やまでら》に泊《と》めてもらうことに…。寺《てら》の中《なか》を案内《あんない》されて見学《けんがく》していると、以前《いぜん》この寺《てら》で、なにか事件《じけん》が起《お》こったことが分《わ》かるのだが…。

お寺《てら》の中《なか》で殺人事件《さつじんじけん》が発生《はっせい》！コナンが見抜《みぬ》いた大胆《だいたん》なトリックとは!?

一晩明《ひとばんあ》けたお寺《てら》で、住職《じゅうしょく》の首《くび》つり死体《したい》が発見《はっけん》される!! 2年前《ねんまえ》にも同《おな》じような事件《じけん》があったと聞《き》いたコナンは、周囲《しゅうい》の調査《ちょうさ》を始《はじ》める。お寺《てら》の中《なか》やその周囲《しゅうい》で発見《はっけん》した証拠《しょうこ》や状況《じょうきょう》から、住職《じゅうしょく》の首《くび》つりが自殺《じさつ》でなく殺人《さつじん》であると確信《かくしん》。犯人《はんにん》が仕込《しこ》んだトリックも見破《みやぶ》った!!

偶然《ぐうぜん》気絶《きぜつ》した小五郎《こごろう》のおでこに「ボタン型《がた》スピーカー」をセット!!

事件現場《じけんげんば》をうろつくコナンを追《お》いかけている途中《とちゅう》に、滑《すべ》って転《ころ》んで気絶《きぜつ》してしまった小五郎《こごろう》。コナンはこのチャンスに小五郎《こごろう》のおでこに「ボタン型《がた》スピーカー」をつけ、推理《すいり》を披露《ひろう》する準備《じゅんび》を整《ととの》えた。

「ボタン型《がた》スピーカー」を使《つか》いコナンが名推理《めいすいり》を披露《ひろう》!!

コナンは「蝶《ちょう》ネクタイ型変声機《がたへんせいき》」の声《こえ》で、物陰《ものかげ》から事件《じけん》を解決《かいけつ》する。ただし、周囲《しゅうい》の人々《ひとびと》には小五郎《こごろう》が解決《かいけつ》したように見《み》え、名探偵《めいたんてい》・毛利小五郎《もうりこごろう》の評判《ひょうばん》がますます上《あ》がっていく!!

スピーカーの発明《はつめい》と進化《しんか》

スピーカーから音《おと》が出《で》るしくみ

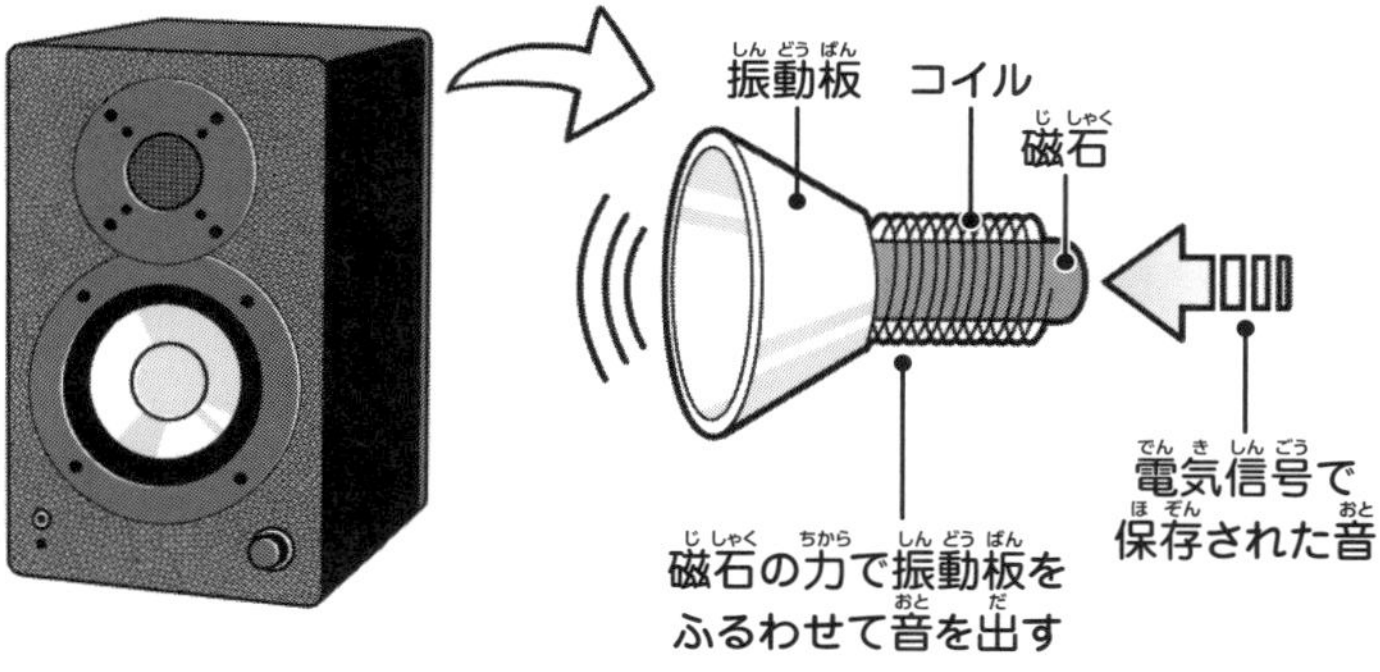
振動板《しんどうばん》
コイル
磁石《じしゃく》
電気信号《でんきしんごう》で
保存《ほぞん》された音《おと》
磁石《じしゃく》の力《ちから》で振動板《しんどうばん》を
ふるわせて音《おと》を出《だ》す

発明初期《はつめいしょき》のスピーカー

ホーン
振動板《しんどうばん》

最初《さいしょ》のスピーカーを作《つく》ったのは世界的《せかいてき》に有名《ゆうめい》な大発明家《だいはつめいか》!?

自分《じぶん》の持《も》っている音楽《おんがく》を聴《き》くときに必《かなら》ず使《つか》う、音《おと》を出《だ》す装置《そうち》スピーカー。音《おと》が出《で》る似《に》た装置《そうち》にはヘッドホンやイヤホンもあるけど、これらも大《おお》きさがちがうだけで構造《こうぞう》はスピーカーと同《おな》じものなんだ。

スピーカーから音《おと》が出《で》る仕組《しく》みはとても簡単《かんたん》で、基本的《きほんてき》には音《おと》が出《で》る振動板《しんどうばん》がついたスピーカーのホーンの後《うし》ろに、磁石《じしゃく》とエナメル線《せん》をぐるぐる巻《ま》きにした「コイル」が付《つ》いているだけ。そこに電気信号《でんきしんごう》を流《なが》すと磁石《じしゃく》が細《こま》かく動《うご》き振動板《しんどうばん》をふるわせて音《おと》が出《で》る、という仕組《しく》みなんだ。

スピーカーは1876年《ねん》に発明《はつめい》された。発明者《はつめいしゃ》は諸説《しょせつ》あるが、スコットランド人《じん》のグラハム・ベルが作《つく》った電話《でんわ》の受話器《じゅわき》が、世界初《せかいはつ》のスピーカーといわれている。

みんなでスピーカーをつくってみよう!

準備《じゅんび》するもの

- 紙《かみ》コップ2つ
- コイル(エナメル線《せん》)
- 磁石《じしゃく》
- 3.5mm《ミリメートル》プラグ付《つ》きケーブル
- セロハンテープ

1

❶ほどけないようにエナメル線《せん》を巻《ま》いたコイルを紙《かみ》コップの底《そこ》につける。

2

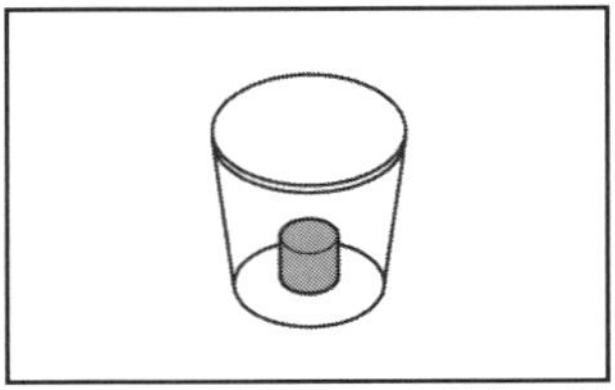

❷もう1つの紙《かみ》コップの内側《うちがわ》の底《そこ》に磁石《じしゃく》をつける。

3

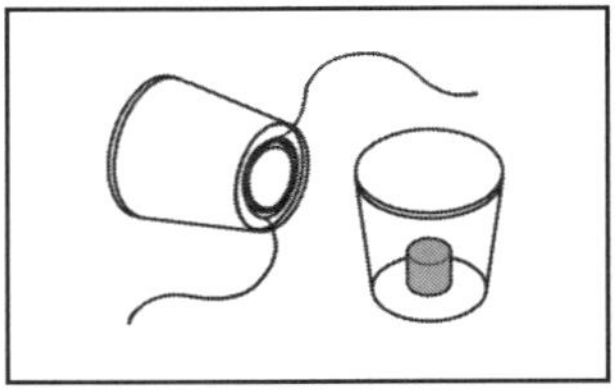

❸ ❶の紙《かみ》コップを❷の紙《かみ》コップに重《かさ》ねる。

4

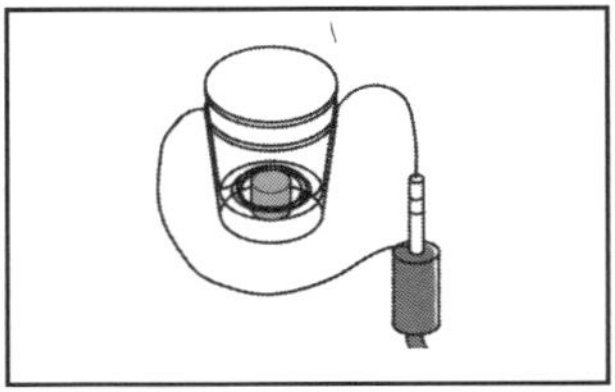

❹コイルの両端《りょうたん》をケーブルの一《いち》番《ばん》上《うえ》と一番《いちばん》下《した》の部分《ぶぶん》につける。

5

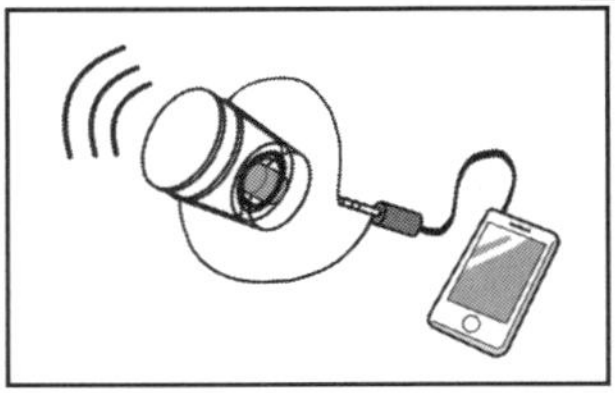

❺ケーブルをスマートフォンなどに接続《せつぞく》すればスピーカーの完成《かんせい》。

イヤホン・ヘッドホンの発明《はつめい》と進化《しんか》

ヘッドホンの原型《げんけい》

最初《さいしょ》のヘッドホンは電話交換手用《でんわこうかんしゅよう》だった

コンサート会場《かいじょう》から電話回線《でんわかいせん》を通《つう》じてレシーバーで演奏《えんそう》を聴《き》く

ボールドウィンが発明《はつめい》したヘッドホン

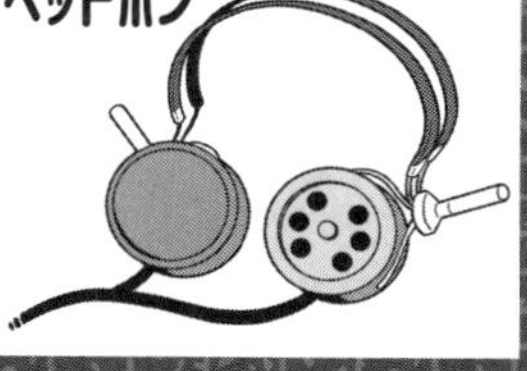

ヘッドホンはもともと音楽鑑賞用《おんがくかんしょうよう》ではなかった!?

個人《こじん》が使《つか》う小型《こがた》のスピーカーといえるのが、ヘッドホン（イヤホン）。電気信号《でんきしんごう》を流《なが》してコイルと磁石《じしゃく》を振動《しんどう》させ、音《おと》を発生《はっせい》させるという仕組《しく》みはスピーカーとほとんど同《おな》じだ。実《じつ》はヘッドホンの歴史《れきし》も意外《いがい》と古《ふる》く、普及《ふきゅう》が始《はじ》まったのは1880年代《ねんだい》といわれている。最初《さいしょ》は音楽《おんがく》を聴《き》くために作《つく》られたわけではなく、電話《でんわ》交換手《こうかんしゅ》のために作《つく》られた装置《そうち》だった。また、劇場《げきじょう》やコンサートホールにマイクを設置《せっち》して、電話回線《でんわかいせん》によって遠《とお》く離《はな》れた会場《かいじょう》へ生中継《なまちゅうけい》の音声《おんせい》を送《おく》る、「レシーバー」と呼《よ》ばれる装置《そうち》も作《つく》られていた。

1910年《ねん》には、アメリカ人《じん》のナサニエル・ボールドウィンがスピーカーをヘッドバンドで繋《つな》いだ、現在《げんざい》のヘッドホンの元《もと》になる製品《せいひん》を開発《かいはつ》。これは教会《きょうかい》の礼拝《れいはい》堂《どう》で行《おこな》われる説教《せっきょう》の聞《き》きづらさを解決《かいけつ》するために作《つく》られた装置《そうち》だったんだ。

ワイヤレスとなったイヤホンとそれを実現《じつげん》したBluetooth《ブルートゥース》!!

ヘッドホンの進化系《しんかけい》として、現在最《げんざいもっと》も使《つか》われているのが無線《むせん》で接続《せつぞく》するワイヤレスタイプのイヤホン。線《せん》がまったくない完全《かんぜん》ワイヤレスイヤホンを2015年《ねん》に世界《せかい》で最初《さいしょ》に発売《はつばい》したのが、スウェーデンのオーディオメーカー「EAR-IN《イヤーイン》」なんだ。

このワイヤレスイヤホンはBluetooth《ブルートゥース》という短距離無線規格《たんきょりむせんきかく》で音楽《おんがく》を発信《はっしん》する機器《きき》とイヤホンを繋《つな》ぎ、音楽《おんがく》を聴《き》けるようにしている。開発《かいはつ》メンバーたちは、イヤホンが電波《でんぱ》を受信《じゅしん》するアンテナの小《こ》型化《がたか》と、左右《さゆう》のイヤホンを同期《どうき》させる「ペアリング」というシステムの開発《かいはつ》に苦労《くろう》したと語《かた》っている。

無線通信《むせんつうしん》で音《おと》を受信《じゅしん》

ワイヤレスイヤホンで使《つか》われたBluetooth《ブルートゥース》という技術《ぎじゅつ》は、現在《げんざい》では多《おお》くの電子機器《でんしきき》にも搭載《とうさい》されていることでもおなじみだよね。主《おも》にPC《ピーシー》やタブレット、スマートフォンを接続《せつぞく》させたりするのに使《つか》われているんだ。一度簡単《いちどかんたん》な設定《せってい》「ペアリング」をすれば、それ以降《いこう》は電源《でんげん》をON《オン》にするだけで自動接続《じどうせつぞく》ができる。もちろん、いったん接続《せつぞく》を切《き》るのも簡単《かんたん》なので、誰《だれ》でも安心《あんしん》して使《つか》える便利《べんり》なシステムなんだよ。

ちなみにBluetooth《ブルートゥース》という名前《なまえ》は、10世《せい》紀《き》にデンマークとノルウェーを無血《むけつ》で統一《とういつ》したデンマーク王《おう》ハロルド・ブラタンのあだ名《な》「青歯王《せいしおう》」からとられている。「青歯王《せいしおう》」が2つの国《くに》を平和的《へいわてき》に統合《とうごう》したように、デジタル機器《きき》の世界《せかい》を統合《とうごう》したいという思《おも》いが込《こ》められた名前《なまえ》なんだ!

Bluetooth技術《ブルートゥースぎじゅつ》はイヤホン以外《いがい》にも活用《かつよう》されている
デジタル機器《きき》をつないでより便利《べんり》に

第2章《だいしょう》 まんが初登場《はつとうじょう》シーンでふりかえる!
発明《はつめい》グッズコレクション

「奇《き》妙《みょう》な集《あつ》まり」

雪山《ゆきやま》の別荘《べっそう》で起《お》きた
おそるべき事件《じけん》…!!
よっ
コミックス14巻《かん》から登場《とうじょう》!
オシャレ度《ど》
NO.1

名探偵コナン
14

発明品《はつめいひん》10 [イヤリング型携帯電話《がたけいたいでんわ》]

イヤリングの形《かたち》をした、小型《こがた》の携帯電話《けいたいでんわ》。引《ひ》き出《だ》せるタイプの有線《ゆうせん》イヤホンと、電話番号《でんわばんごう》を入力《にゅうりょく》するためのキーパッドが付《つ》いているぞ。

▼▶蘭《らん》と園子《そのこ》が小学生《しょうがくせい》だったころの担任教師《たんにんきょうし》・米原先生《よねはらせんせい》が同僚《どうりょう》の教師《きょうし》たちとスキーに来《き》ていた。

スキー旅行《りょこう》へやって来《き》たコナンたち! そこで出会《であ》ったのは、小学生時代《しょうがくせいじだい》の先生《せんせい》!!

スキー旅行《りょこう》へやって来《き》たコナンと蘭《らん》と園子《そのこ》。偶然出会《ぐうぜんであ》った、蘭《らん》や園子《そのこ》の小学生時代《しょうがくせいじだい》の教師《きょうし》のグループと意気投合《いきとうごう》し、教師《きょうし》たちが泊《と》まる貸別荘《かしべっそう》へ向《む》かうのだが…。

何《なに》かが起《お》こると予告《よこく》があった雪山《ゆきやま》の別荘《べっそう》で事件《じけん》が発生《はっせい》!?

猛吹雪《もうふぶき》の中《なか》、別荘《べっそう》についたコナンたち。そこへ謎《なぞ》の新聞記者《しんぶんきしゃ》が訪《たず》ねてくる。怪《あや》しむコナンたちだが、直後《ちょくご》に先生《せんせい》と園子《そのこ》が襲《おそ》われる事態《じたい》に。

▲▶部屋《へや》で倒《たお》れている米原《よねはら》先生《せんせい》を発見《はっけん》した園子《そのこ》は、背《はい》後《ご》から何者《なにもの》かに襲撃《しゅうげき》される!!

犯人《はんにん》の目的《もくてき》は別荘《べっそう》に泊《と》まっている人《ひと》たちの「ミ・ナ・ゴ・ロ・シ」!?

園子《そのこ》と米原先生《よねはらせんせい》は、命《いのち》に別状《べつじょう》はなかった。しかし襲《おそ》われた2人《ふたり》には、口紅《くちべに》で恐《おそ》ろしい犯行予告《はんこうよこく》の文字《もじ》が書《か》かれていた!!

◀▲新聞記者《しんぶんきしゃ》は、別荘《べっそう》で何《なに》かが起《お》こると予言《よげん》していた!? どうやら教師《きょうし》たちとも知《し》り合《あ》いのようだが…。

「イヤリング型《がた》携《けい》帯《たい》電《でん》話《わ》」を使《つか》って阿《あ》笠《がさ》博《は》士《かせ》から事《じ》件《けん》の情《じょう》報《ほう》をもらう!!

教師《きょうし》たちが勧《つと》める杯戸小学校《はいどしょうがっこう》で、3年前《ねんまえ》に起《お》きた事件《じけん》とは!? コナンは、学校《がっこう》と別荘《べっそう》で起《お》きている事件《じけん》の関連性《かんれんせい》に気《き》づき解決《かいけつ》する!!

携帯電話《けいたいでんわ》の発明《はつめい》と進化《しんか》

自動車電話《じどうしゃでんわ》は携帯電話《けいたいでんわ》の先駆《さきが》け！

民間初《みんかんはつ》の移動通信《いどうつうしん》サービスは日本《にほん》の自動車電話《じどうしゃでんわ》

外《そと》を移動《いどう》しながらどこでも通話《つうわ》できる電話《でんわ》が世界《せかい》で初《はじ》めて利用《りよう》できるようになったのは、アメリカのセントルイス市《し》で自動車電話《じどうしゃでんわ》サービスが開始《かいし》された1946年《ねん》のこと。しかし、当時《とうじ》の移動電話《いどうでんわ》は交換手《こうかんしゅ》に回線《かいせん》を手動《しゅどう》で接続《せつぞく》してもらう必要《ひつよう》があり、しかもトランシーバーのようにボタンを押《お》している間《あいだ》しか通話《つうわ》できず、実用的《じつようてき》といえるものではなかった。

アメリカに数年遅《すうねんおく》れながら、日本《にほん》でも日本電信電話公社《にっぽんでんしんでんわこうしゃ》(後《のち》のNTT《エヌティーティー》)が自動車電話《じどうしゃでんわ》システムの研究《けんきゅう》を開始《かいし》。当初《とうしょ》はアメリカと同《おな》じ手動接続方式《しゅどうせつぞくほうしき》だったけれど、エリア全体《ぜんたい》に複数《ふくすう》の基地局《きちきょく》を設置《せっち》することで無線《むせん》通信《つうしん》を可能《かのう》にするセルラー方式《ほうしき》が1970年代《ねんだい》に整備《せいび》されると、実用的《じつようてき》なシステムの開発《かいはつ》が急速《きゅうそく》に進《すす》んだ。そして1979年《ねん》、世界初《せかいはつ》となる民間向《みんかんむ》けの自動車電話《じどうしゃでんわ》サービスが東京《とうきょう》23区内《くない》でスタートしたんだ。

このサービスに用《もち》いられた端末《たんまつ》は容積《ようせき》が6600cc《シーシー》、重《おも》さが約《やく》7kg《キログラム》ものサイズで、車《くるま》の外《そと》に持《も》ち出《だ》して使用《しよう》できなかった。それでも、自由《じゆう》に持《も》ち運《はこ》びできる携帯電話《けいたいでんわ》の実用化《じつようか》に一歩《いっぽ》近《ちか》づいたのは間違《まちが》いないよ。

自由《じゆう》に持《も》ち運《はこ》びできる携帯電話《けいたいでんわ》の誕生《たんじょう》と進化《しんか》

今《いま》では生活《せいかつ》になくてはならない携帯電話《けいたいでんわ》は、1973年《ねん》にアメリカで最初《さいしょ》に発明《はつめい》された。無線機《むせんき》メーカーのモトローラ社《しゃ》でエンジニアとして働《はたら》いていたマーティン・クーパーが、自動車電話《じどうしゃでんわ》の開発《かいはつ》を進《すす》めるライバル会社《がいしゃ》に対抗《たいこう》するため、どこにでも持《も》ち運《はこ》んで通話《つうわ》できる端末《たんまつ》の試作品《しさくひん》を開発《かいはつ》したんだ。モトローラ社《しゃ》はその後《ご》も開発《かいはつ》を進《すす》め、1984年《ねん》には携帯電話《けいたいでんわ》「DynaTAC《ダイナタック》 8000X《エックス》」を世界《せかい》で初《はじ》めて発売《はつばい》。長《なが》さ約《やく》25cm《センチメートル》の直方体《ちょくほうたい》で重《おも》さが約《やく》800g《グラム》もあったことから「レンガ電話《でんわ》」と呼《よ》ばれたけど、十分《じゅうぶん》持《も》ち運《はこ》びできるサイズだったよ。

一方《いっぽう》の日本《にほん》では、1984年《ねん》に自動車電話《じどうしゃでんわ》サービスのエリアが全国主要都市《ぜんこくしゅようとし》に拡大《かくだい》し、その翌年《よくねん》にNTT《エヌティーティー》が車外兼用型自動車電話《しゃがいけんようがたじどうしゃでんわ》「ショルダーホン」を開発《かいはつ》した。その名《な》の通《とお》り、自動車電話《じどうしゃでんわ》としてはもちろん、自動《じどう》車《しゃ》から離《はな》れても利用《りよう》できる兼用《けんよう》の電話《でんわ》。重《おも》さは約《やく》3kg《キログラム》で肩《かた》から下《さ》げて持《も》ち運《はこ》ぶことができ、あくまで自動《じどう》車電話《しゃでんわ》の発展形《はってんがた》ではあるものの、ようやく電話《でんわ》を自由《じゆう》に持《も》ち運《はこ》んで通話《つうわ》できるようになった。さらに1987年《ねん》には携帯電話《けいたいでんわ》サービスが始《はじ》まり、体積《たいせき》500cc《シーシー》、重《おも》さ900g《グラム》という持《も》ち運《はこ》び可能《かのう》な携帯《けいたい》電話《でんわ》「TZ-802《ティーゼット》型《がた》」を発売《はつばい》したよ。

初期《しょき》の携帯電話《けいたいでんわ》はレンガ電話《でんわ》と呼《よ》ばれた

たしかに似《に》てる?

車《くるま》の外《そと》に持《も》ち出《だ》せるショルダーホン

携帯電話《けいたいでんわ》がコンパクトに！ そして日本《にほん》で進《すす》んだ多機能化《たきのうか》

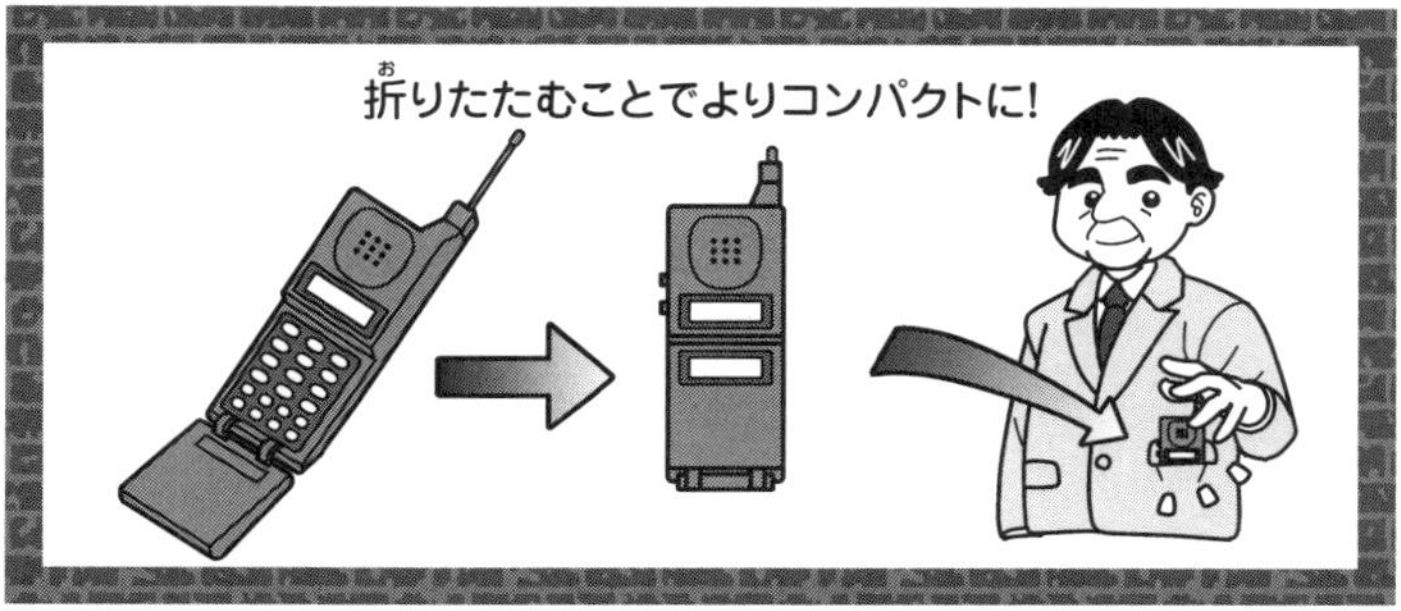
折《お》りたたむことでよりコンパクトに!

1983年《ねん》に携帯電話《けいたいでんわ》を発売《はつばい》したモトローラ社《しゃ》は、その6年後《ねんご》に体積《たいせき》211cc《シーシー》、重量《じゅうりょう》303g《グラム》という超小型《ちょうこがた》の「Micro《マイクロ》TAC《タック》」を開発《かいはつ》。本体《ほんたい》を折《お》りたたむことができ、ポケットに入《い》れて持《も》ち歩《ある》くという携帯電話《けいたいでんわ》の新《あたら》しい使《つか》い方《かた》を生《う》み出《だ》した。それから携帯電話《けいたいでんわ》の小型《こがた》・軽量化《けいりょうか》が進《すす》み、1991年《ねん》にはNTT《エヌティーティー》が体積《たいせき》約《やく》150cc《シーシー》、重《おも》さ約《やく》230g《グラム》という当時《とうじ》としては世界最小《せかいさいしょう》の携帯電話《けいたいでんわ》「mova《ムーバ》」シリーズを開発《かいはつ》。携帯電話《けいたいでんわ》がビジネス用《よう》やプライベート用《よう》など身近《みぢか》なものとして広《ひろ》く定着《ていちゃく》するきっかけになったよ。

1993年《ねん》に日本《にほん》の携帯電話《けいたいでんわ》サービスがアナログ方式《ほうしき》からデジタル方式《ほうしき》に変《か》わると、端末《たんまつ》からインターネットに接続《せつぞく》できる新《あたら》しいサービスが世界《せかい》で初《はじ》めて誕生《たんじょう》。その後《ご》、カメラで撮影《さつえい》した写真《しゃしん》を電子《でんし》メールに添付《てんぷ》して送受信《そうじゅしん》できるようになり、さらにおサイフケータイやワンセグ視聴《しちょう》など電話以外《でんわいがい》の機能《きのう》が追加《ついか》され、海外《かいがい》の携帯電話《けいたいでんわ》にはない独自《どくじ》の進化《しんか》を遂《と》げたんだ。

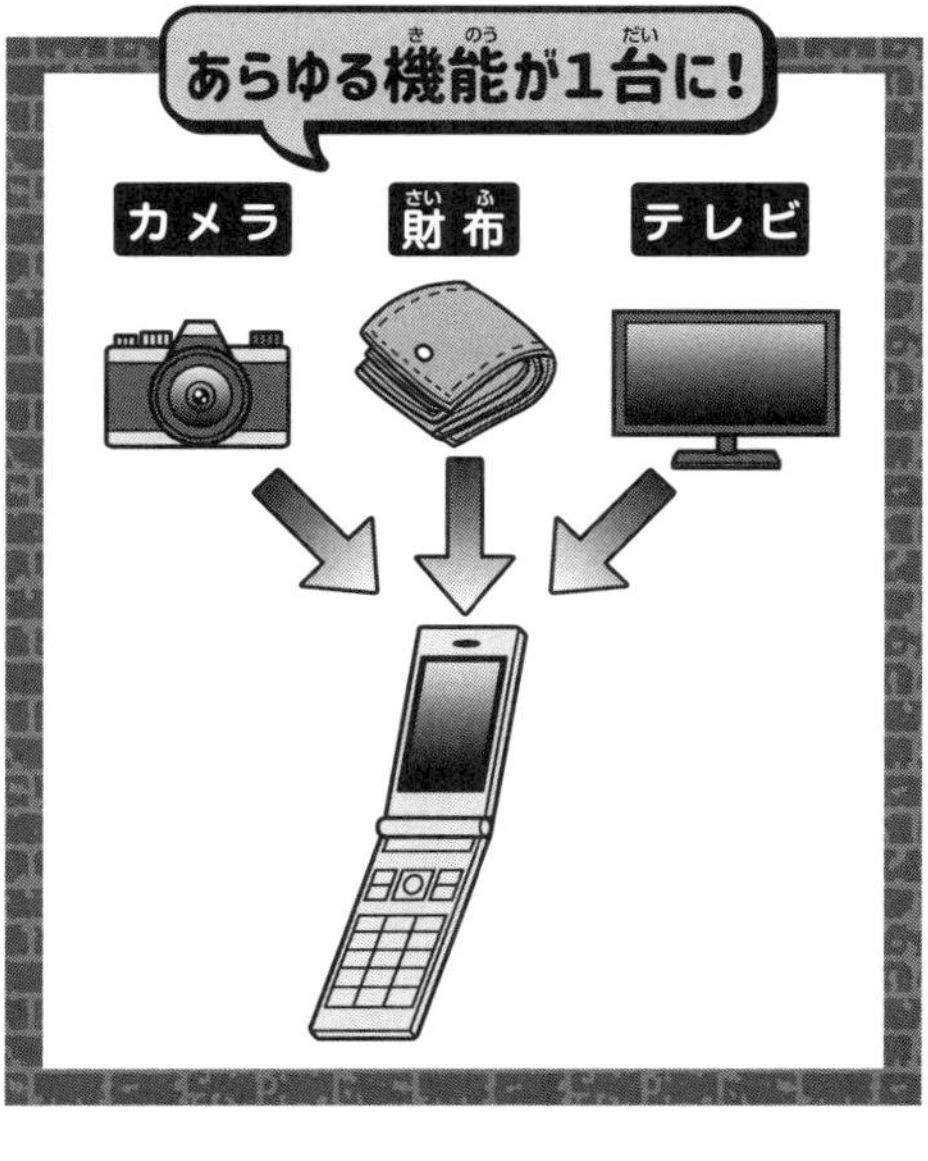
あらゆる機能《きのう》が1台《だい》に!
カメラ
財布《さいふ》
テレビ

ジョブズが開発《かいはつ》したiPhone《アイフォーン》は携帯電話《けいたいでんわ》の常識《じょうしき》を変《か》えた！

スマートフォンが初《はじ》めて誕生《たんじょう》したのは1994年《ねん》のアメリカでのこと。電話《でんわ》だけでなくデータ通信《つうしん》も可能《かのう》で、メールや電卓《でんたく》などさまざまなアプリケーションも備《そな》えたタッチパネル搭載《とうさい》の「Simon《シモン》」をIBM《アイビーエム》社《しゃ》が完成《かんせい》させた。しかし、本体《ほんたい》の高《たか》さが約《やく》20cm《センチメートル》、重《おも》さが約《やく》510g《グラム》と初期《しょき》のレンガ電話《でんわ》なみに大《おお》きく、価格《かかく》も高《たか》かったため、やがて販売《はんばい》されなくなったんだ。

それから十数《じゅうすう》年後《ねんご》、世界有数《せかいゆうすう》のIT《アイティー》企業《きぎょう》アップル社《しゃ》が携帯電話《けいたいでんわ》を開発《かいはつ》することになった。当時《とうじ》の携帯電話《けいたいでんわ》はキーやボタンでの操作《そうさ》が一般的《いっぱんてき》で、タッチパネルを備《そな》えた機種《きしゅ》もタッチペンでしか操作《そうさ》できなかった。そこで最高経営責任者《さいこうけいえいせきにんしゃ》のスティーブ・ジョブズが目《め》をつけたのは、タブレット開発《かいはつ》チームが試作《しさく》していたマルチタッチスクリーン（2本《ほん》の指《ゆび》で画面《がめん》の拡大《かくだい》・縮小《しゅくしょう》などの操作《そうさ》を行《おこな》う装置《そうち》）。「これがあれば、キーやボタンがなくても快適《かいてき》に操作《そうさ》できる」と確信《かくしん》したジョブズは開発《かいはつ》に執念《しゅうねん》を燃《も》やし、2007年《ねん》に「iPhone《アイフォーン》」を完成《かんせい》させた。

iPhone《アイフォーン》は操作《そうさ》しやすくデザインもすっきりしていて、音楽《おんがく》プレイヤーやカメラなどさまざまなアプリを使用《しよう》できるという画期的《かっきてき》なもの。爆発的《ばくはつてき》にヒットして日本《にほん》でもたちまち普及《ふきゅう》したよ。

スティーブ・ジョブズ

アップル社《しゃ》の創設者《そうせつしゃ》。Macintosh《マッキントッシュ》や音楽《おんがく》プレイヤーのiPod《アイポッド》など革新的《かくしんてき》な製品《せいひん》を数多《かずおお》く生《う》み出《だ》した。

iPhone《アイフォーン》で実現《じつげん》した便利《べんり》なマルチタッチスクリーン

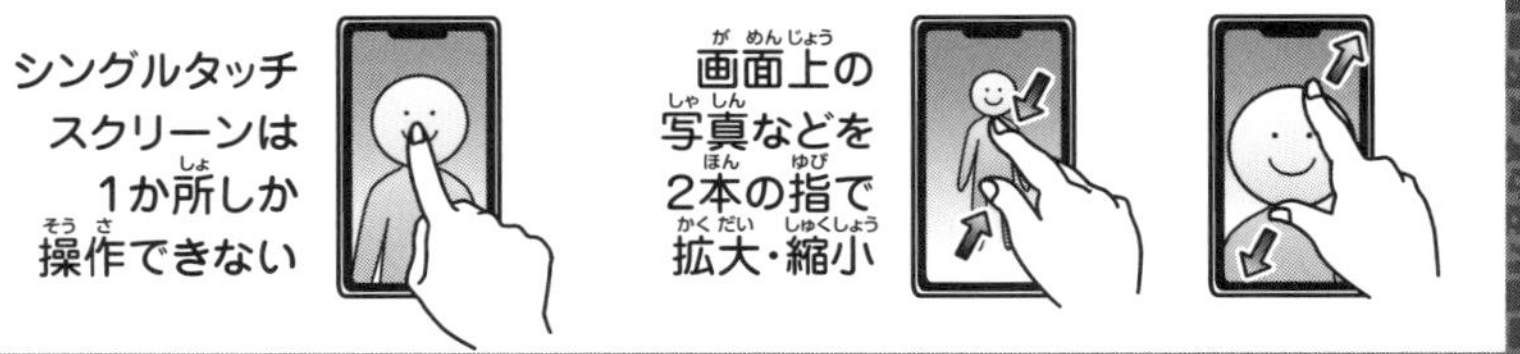
シングルタッチスクリーンは1か所《しょ》しか操作《そうさ》できない
画面上《がめんじょう》の写真《しゃしん》などを2本《ほん》の指《ゆび》で拡大《かくだい》・縮小《しゅくしょう》

第2章《だいしょう》 まんが初登場《はつとうじょう》シーンでふりかえる!
発明《はつめい》グッズコレクション

「カウントダウン」

コミックス
21巻《かん》から
登場《とうじょう》!

緊急度《きんきゅうど》
NO.1

発明品《はつめいひん》11 [腕時計型《うでどけいがた》ライト]

阿笠博士《あがさはかせ》がコナン以外《いがい》の灰原《はいばら》たち4人《にん》の少年探偵団員《しょうねんたんていだんいん》に渡《わた》した発明《はつめい》グッズ。時計《とけい》のフタの部分《ぶぶん》を回《まわ》してスイッチを入《い》れると点灯《てんとう》するぞ。

山奥《やまおく》の城《しろ》を探索《たんさく》する少年探偵団《しょうねんたんていだん》。そこでコナンの姿《すがた》が消《き》えた!?

キャンプに訪《おとず》れ、偶然《ぐうぜん》立《た》ち寄《よ》った山奥《やまおく》のお城《しろ》を探索《たんさく》する少年探偵団《しょうねんたんていだん》。その途中《とちゅう》、コナンの身《み》に何《なに》かが起《お》きた!?

阿笠博士《あがさはかせ》の姿《すがた》まで消《き》えてしまう! 2人《ふたり》にいったい何《なに》があったのか!?

お城《しろ》に泊《と》まった夜《よる》、コナンに続《つづ》き阿笠博士《あがさはかせ》も何者《なにもの》かに襲《おそ》われた!? 灰原《はいばら》たちは、行方《ゆくえ》が分《わ》からない2人《ふたり》を捜《さが》すため夜《よる》のお城《しろ》を捜索《そうさく》するが…。

◀▲夜中《よなか》になってもベッドに帰《かえ》ってこない阿笠博士《あがさはかせ》。灰原《はいばら》は異変《いへん》に気《き》づいて捜査《そうさ》を開始《かいし》する!!

コナンと阿笠博士《あがさはかせ》を探《さが》す少年探偵団《しょうねんたんていだん》は、城《しろ》の中《なか》で隠《かく》し通路《つうろ》を発見《はっけん》するが……!?

「腕時計型《うでどけいがた》ライト」を使《つか》って真《ま》っ暗《くら》な隠《かく》し通路《つうろ》を探索《たんさく》!!

灰原《はいばら》が発見《はっけん》したお城《しろ》の隠《かく》し通路《つうろ》を進《すす》む、少年探偵団《しょうねんたんていだん》たち。阿笠博士《あがさはかせ》からもらった「腕時計型《うでどけいがた》ライト」が暗闇《くらやみ》を照《て》らす。長《なが》い階段《かいだん》をおりた先《さき》には、何《なに》がある!?

隠《かく》し通路《つうろ》で血痕《けっこん》を発見《はっけん》! これは誰《だれ》の!?

灰原《はいばら》が隠《かく》し通路《つうろ》の床《ゆか》で発見《はっけん》したのは、まだ新《あたら》しい血《ち》の跡《あと》。その血《ち》は、誰《だれ》が流《なが》したものなのか!? さらに光彦《みつひこ》が階段《かいだん》に彫《ほ》られた文《も》字《じ》を発見《はっけん》。灰原《はいばら》の推理《すいり》によると、書《か》かれた文字《じ》は相当《そうとう》古《ふる》いもののようだが…。

あかりの発明《はつめい》と進化《しんか》

石炭《せきたん》のガスに火《ひ》をつけるとランプのように明《あか》るくなった

ろうそくの火《ひ》よりも明《あか》るいガス灯《とう》が誕生《たんじょう》

現代《げんだい》のように電気《でんき》であかりを灯《とも》すライトがなかった時代《じだい》、人々《ひとびと》はろうそくやオイルランプを使《つか》っていた。しかし、ろうそくなどのあかりは小《ちい》さく、暗《くら》い場所《ばしょ》を明《あか》るく照《て》らすには不十分《ふじゅうぶん》だった。そんなあかりの常識《じょうしき》を変《か》えたのがイギリスの機械技術者《きかいぎじゅつしゃ》マードックだ。

1792年《ねん》、マードックは石炭《せきたん》を詰《つ》めたやかんを火《ひ》にかけてガスを発生《はっせい》させ、やかんにつないだパイプから出《で》てくるガスに火《ひ》をつける実験《じっけん》を行《おこな》った。すると、部《へ》屋《や》の中《なか》がろうそくやオイルランプよりも明《あか》るく照《て》らされたんだ。実験《じっけん》に成功《せいこう》したマードックは、街《まち》の照明《しょうめい》として利用《りよう》できるガス灯《とう》を発明《はつめい》。日本《にほん》でも1871年《ねん》に大阪《おおさか》でガス灯《とう》が初《はじ》めて設置《せっち》されたよ。

ウィリアム・マードック

ワットが創立《そうりつ》した蒸《じょう》気機関製造会社《ききかんせいぞうがいしゃ》に就職《しゅうしょく》。ガス灯《とう》の発明《はつめい》だけでなく、蒸気機《じょうきき》関《かん》の改良《かいりょう》などにも貢献《こうけん》した。

エジソンは日本《にほん》の「あるもの」で白熱《はくねつ》電球《でんきゅう》の実用化《じつようか》に成功《せいこう》した

電気《でんき》について本格的《ほんかくてき》な研究《けんきゅう》が始《はじ》まったのは、17～18世紀《せいき》になってから。やがて、電気《でんき》を生《う》み出《だ》す発電機《はつでんき》や、電気《でんき》を利用《りよう》する機器《きき》が次々《つぎつぎ》と発明《はつめい》されていった。その中《なか》でも人々《ひとびと》のくらしを大《おお》きく変《か》えたのが白熱電球《はくねつでんきゅう》だ。

白熱電球《はくねつでんきゅう》は1879年《ねん》にエジソンが発明《はつめい》したといわれているが、実《じつ》はそれよりも早《はや》くから多《おお》くの科学者《かがくしゃ》が発明《はつめい》に取《と》り組《く》んでいた。1802年《ねん》にイギリスの化学者《かがくしゃ》デービーが発光技術《はっこうぎじゅつ》の開発《かいはつ》に成功《せいこう》し、その後《ご》、フィラメントという部品《ぶひん》に電流《でんりゅう》を通《とお》すことで持続的《じぞくてき》に光《ひか》る白熱電球《はくねつでんきゅう》が誕生《たんじょう》した。しかし、当初《とうしょ》のフィラメントの素材《そざい》はいずれも耐久時間《たいきゅうじかん》が短《みじか》く、普段《ふだん》の生活《せいかつ》で使《つか》えるものではなかったんだ。

トーマス・エジソン

白熱電球《はくねつでんきゅう》、映写機《えいしゃき》、蓄音機《ちくおんき》など幅広《はばひろ》い分野《ぶんや》で発明《はつめい》を行《おこな》い、その数《かず》は1000以上《いじょう》にも及《およ》ぶ。電気《でんき》の事業化《じぎょうか》にも成功《せいこう》した。

成功《せいこう》の要因《よういん》はフィラメント

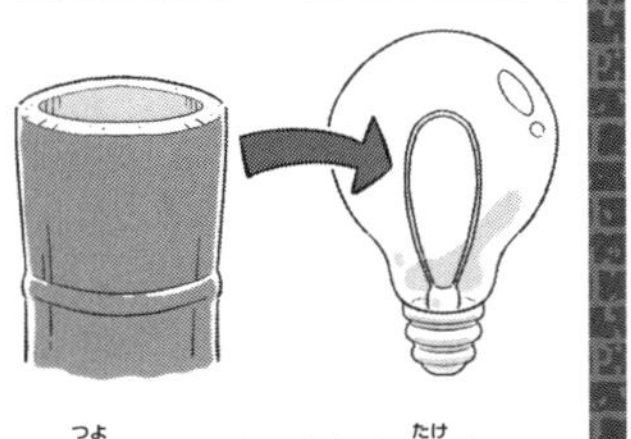

強《つよ》くてしなやかな竹《たけ》をフィラメントの素材《そざい》に

白熱電球《はくねつでんきゅう》の実用化《じつようか》を目指《めざ》したエジソンは、まず木綿《もめん》の糸《いと》にタールを塗《ぬ》ったフィラメントで45時間《じかん》の点灯《てんとう》に成功《せいこう》。しかしそれだけでは満足《まんぞく》せず、もっと長《なが》く使《つか》い続《つづ》けられるフィラメントの素材《そざい》を試《ため》し続《つづ》けた。なんと友《ゆう》人《じん》のひげも実験《じっけん》に使《つか》ったんだ！ そんな中《なか》、たまたま研《けん》究室《きゅうしつ》にあった扇子《せんす》の竹《たけ》で実験《じっけん》して良《よ》い結果《けっか》を得《え》られたことから、エジソンは世界中《せかいじゅう》から竹《たけ》を取《と》り寄《よ》せて調査《ちょうさ》。その結果《けっか》、日本《にほん》の京都《きょうと》から取《と》り寄《よ》せた竹《たけ》でつくったフィラメントによって1200時間《じかん》も光《ひか》り続《つづ》けさせることに成功《せいこう》した。エジソンは白熱電球《はくねつでんきゅう》を製品化《せいひんか》し、さらに電力《でんりょく》を供給《きょうきゅう》するシステムも自《みずか》ら整備《せいび》し、いつでもあかりを灯《とも》すことができる便利《べんり》なくらしを実現《じつげん》したんだ。

初《はじ》めて発明《はつめい》された懐中電灯《かいちゅうでんとう》は短《みじか》い時間《じかん》しか使《つか》えなかった

エジソンが白熱電球《はくねつでんきゅう》の実用化《じつようか》に成功《せいこう》すると、それまでオイルやガスを光源《こうげん》に火《ひ》を灯《とも》していたあかりの常識《じょうしき》は大《おお》きく一変《いっぺん》。エジソンの発明《はつめい》から約《やく》20年後《ねんご》の1898年《ねん》には、イギリス人発明家《じんはつめいか》ミゼルが、現在使《げんざいつか》われているような電球《でんきゅう》を用《もち》いた懐中電灯《かいちゅうでんとう》を発明《はつめい》したんだ。

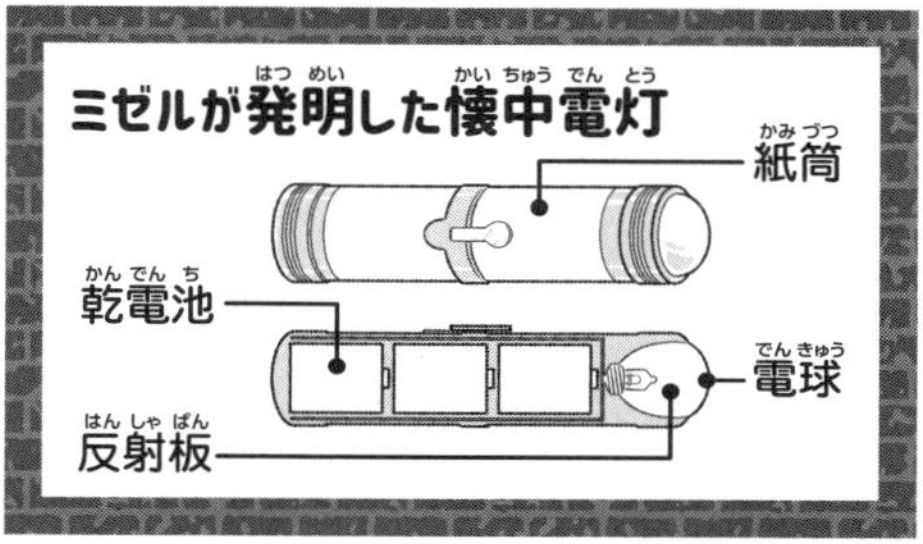

ミゼルの発明《はつめい》は、電池《でんち》の中《なか》に入《はい》っている溶液《ようえき》がこぼれない乾電池《かんでんち》をドイツ人《じん》科学者《かがくしゃ》ガスナーが発明《はつめい》し、それまでの液体電池《えきたいでんち》と比《くら》べて安全《あんぜん》に持《も》ち運《はこ》びできるようになったことがきっかけ。紙製《かみせい》の円《えん》筒《とう》の中《なか》に電球《でんきゅう》と反射板《はんしゃばん》を備《そな》え、乾電池《かんでんち》で光《ひかり》を発《はっ》するというシンプルな構《こう》造《ぞう》を思《おも》いついた彼《かれ》は、さっそく試作品《しさくひん》を製作《せいさく》。ニューヨークの警察官《けいさつかん》に配《くば》って好評《こうひょう》を得《え》たことから、自身《じしん》が働《はたら》いている会社《かいしゃ》で懐中電灯《かいちゅうでんとう》を発売《はつばい》した。

ただし、当時《とうじ》の乾電池《かんでんち》はあまり長持《ながも》ちせず、また懐《かい》中電灯《ちゅうでんとう》の電球《でんきゅう》に寿命《じゅみょう》の短《みじか》いフィラメント素材《そざい》を用《もち》いていたため、短《みじか》い間隔《かんかく》で消灯《しょうとう》して休《やす》ませながら使《つか》わなければいけなかった。そのため「フラッシュ（瞬間《しゅんかん》）ライト」と呼《よ》ばれるようになったんだ。そうした使《つか》い勝手《がって》の悪《わる》さにもかかわらず、懐中電灯《かいちゅうでんとう》は発売《はつばい》されるやたちまち人気《にんき》を集《あつ》め、警察《けいさつ》だけでなく一般家庭《いっぱんかてい》などにも広《ひろ》く利用《りよう》されるようになったよ。

一瞬《いっしゅん》だけ光《ひか》らせるから「フラッシュライト」

日本《にほん》の研究者《けんきゅうしゃ》たちがLED《エルイーディー》を進化《しんか》させた

白熱電球《はくねつでんきゅう》や蛍光灯《けいこうとう》が人々《ひとびと》のくらしに広《ひろ》く用《もち》いられる中《なか》、新《あたら》しい種類《しゅるい》のあかりが誕生《たんじょう》した。ゼネラル・エレクトリック社《しゃ》の技術者《ぎじゅつしゃ》ホロニアックが1962年《ねん》に発明《はつめい》したLED《エルイーディー》（発光《はっこう》ダイオード）だ。

LED《エルイーディー》は、マイナスとプラスの性質《せいしつ》を持《も》つ2種類《しゅるい》の半導体《はんどうたい》をフィラメントの代《か》わりに用《もち》い、電圧《でんあつ》をかけたときにそれぞれの性質《せいしつ》が衝突《しょうとつ》して光《ひかり》を放《はな》つしくみになっている。白熱電球《はくねつでんきゅう》のように光《ひか》るときにむだな熱《ねつ》を発《はっ》しないため、白熱電球《はくねつでんきゅう》の寿命《じゅみょう》が1000〜1500時間《じかん》なのに対《たい》し、LED《エルイーディー》の寿命《じゅみょう》は約《やく》10万《まん》時間《じかん》。省《しょう》エネルギーにもすぐれていて、近年急速《きんねんきゅうそく》に普及《ふきゅう》しているんだ。

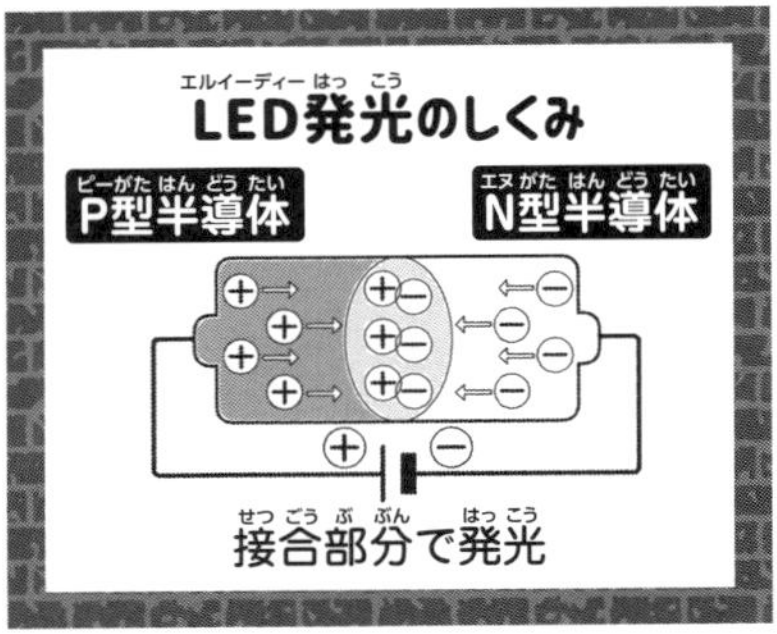
LED発光《エルイーディーはっこう》のしくみ
P型半導体《ピーがたはんどうたい》
N型半導体《エヌがたはんどうたい》
接合部分《せつごうぶぶん》で発光《はっこう》

さらに、LED《エルイーディー》が発《はっ》する光《ひかり》の色《いろ》は、半導体《はんどうたい》の材料《ざいりょう》とその組《く》み合《あ》わせによって異《こと》なる。この特徴《とくちょう》を利用《りよう》して、最初《さいしょ》は赤色《あかいろ》、続《つづ》いて緑色《みどりいろ》と黄色《きいろ》のLED《エルイーディー》が開発《かいはつ》された。これに青色《あおいろ》LED《エルイーディー》が加《くわ》われば、赤《あか》・緑《みどり》・青《あお》の「光《ひかり》の3原色《げんしょく》」を混《ま》ぜることによって白熱電球《はくねつでんきゅう》や蛍光灯《けいこうとう》のような白《しろ》い光《ひかり》を再現《さいげん》することが可能《かのう》だが、青色《あおいろ》LED《エルイーディー》の開発《かいはつ》は技術的《ぎじゅつてき》に難《むずか》しいと長《なが》らく考《かんが》えられていたんだ。

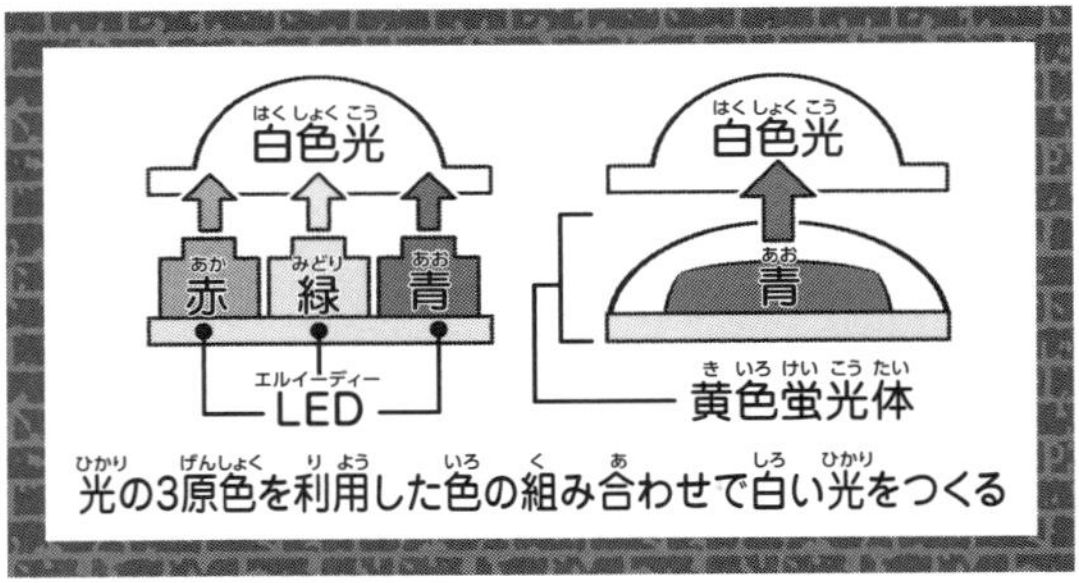
白色光《はくしょくこう》
赤《あか》
緑《みどり》
青《あお》
LED《エルイーディー》
白色光《はくしょくこう》
青《あお》
黄色蛍光体《きいろけいこうたい》

光《ひかり》の3原色《げんしょく》を利用《りよう》した色《いろ》の組《く》み合《あ》わせで白《しろ》い光《ひかり》をつくる

そんな中《なか》、1986年《ねん》に応用物理学者《おうようぶつりがくしゃ》の赤﨑勇《あかさきいさむ》と天野浩《あまのひろし》が青色《あおいろ》LED《エルイーディー》に必要《ひつよう》な高品質結晶《こうひんしつけっしょう》の生成技術《せいせいぎじゅつ》を発明《はつめい》し、1989年《ねん》に青色《あおいろ》LED《エルイーディー》の開発《かいはつ》に成功《せいこう》。さらに1993年《ねん》には技術者《ぎじゅつしゃ》の中村修二《なかむらしゅうじ》が、青色《あおいろ》LED《エルイーディー》をたくさんつくるために必要《ひつよう》な量産技術《りょうさんぎじゅつ》を開発《かいはつ》し、LED《エルイーディー》電球《でんきゅう》や照明器具《しょうめいきぐ》の製品化《せいひんか》に貢献《こうけん》した。これらの偉業《いぎょう》を評価《ひょうか》された3人《にん》は、2014年《ねん》にノーベル物理学賞《ぶつりがくしょう》を受賞《じゅしょう》したよ。

第《だい》2章《しょう》 まんが初登場《はつとうじょう》シーンでふりかえる!
発明《はつめい》グッズコレクション

「束《つか》の間《ま》の休息《きゅうそく》」

コナン＝新《しん》一《いち》という

蘭《らん》の疑《うたが》いはついに晴《は》れて!?

コミックス26巻《かん》から登場《とうじょう》!

発明品《はつめいひん》12 [マスク型変声機《がたへんせいき》]

「蝶《ちょう》ネクタイ型変声機《がたへんせいき》」のように、自身《じしん》の声《こえ》を他人《たにん》の誰《だれ》かの声《こえ》に変《か》えて話《はな》せる発明《はつめい》グッズ。灰原《はいばら》がこのマスクを使《つか》ってコナンに変装《へんそう》したぞ。

蘭《らん》にとって夢《ゆめ》にまで見《み》た新一《しんいち》との日常《にちじょう》が戻《もど》ってきた！ はずだったが…!?

これでキミもコナン博士《はかせ》！
名探偵《めいたんてい》コナンミニ情報《じょうほう》！

蘭《らん》が空手《からて》を始《はじ》めたのは6年前《ねんまえ》。当時《とうじ》の空手全日本《からてぜんにほん》チャンピオンの前田聡《まえださとる》に憧《あこが》れたのがきっかけ。前田聡《まえださとる》はコミックスの8巻《かん》や62巻《かん》に、少《すこ》しだけ登場《とうじょう》している。

蘭《らん》の疑《うたが》い「コナン＝新一《しんいち》」をごまかすため開発《かいはつ》された「マスク型変声機《がたへんせいき》」

コナンの正体《しょうたい》は新一《しんいち》ではないかと、強《つよ》い疑《うたが》いを抱《いだ》いていた蘭《らん》。それを間違《まちが》いだと思《おも》わせるため、灰原《はいばら》がコナンに変装《へんそう》したのだ。

あなた、何様《なにさま》のつもり？

は、灰原《はいばら》!?

あなたの正体《しょうたい》があの子《こ》にバレなかったのは、私《わたし》が調合《ちょうごう》したあの解毒剤《げどくざい》とこの変装《へんそう》…

そして博士《はかせ》が作《つく》ってくれたこのマスク型変声機《がたへんせいき》のおかげでしょ？

舞台《ぶたい》の上《うえ》でこっそりあの子《こ》だけに会《あ》う約束《やくそく》だったのに、あんな大勢《おおぜい》の前《まえ》で堂々《どうどう》と姿《すがた》を現《あらわ》すなんて…

悪《わる》かったよ！事件《じけん》の真相《しんそう》がわかったら抑《おさ》えきかなくなっちまったんだ…

新一《しんいち》に協力《きょうりょく》してくれる灰原《はいばら》の真意《しんい》は!?

灰原《はいばら》が作《つく》った解毒薬《げどくやく》の効果《こうか》で新一《しんいち》はしばらくの期間《きかん》、本来《ほんらい》の姿《すがた》のままでいられる。その間《あいだ》は灰原《はいばら》が「マスク型変声機《がたへんせいき》」を使《つか》って、コナンのふりをしてくれた。灰原《はいばら》がそこまで新一《しんいち》に協力《きょうりょく》する理由《りゆう》は、自分《じぶん》の正体《しょうたい》を組織《そしき》から隠《かく》すため!? それとも…。

まあ、あれでどこまで口止《くちど》めできるかはわからないけど、事《こと》が落《お》ち着《つ》くまでこのカッコであの探偵事務所《たんていじむしょ》に居候《いそうろう》してあげるから目立《めだ》つ行動《こうどう》は控《ひか》えて…
なぁ灰原《はいばら》…

何《なん》でおまえそこまでしてくれるんだ？

◀▲コナンのふりをして小学校《しょうがっこう》に通《かよ》い、毛利《もうり》探偵事務所《たんていじむしょ》にも居候《いそうろう》してくれるのだが…。

マスクの発明《はつめい》と進化《しんか》

マスクの種類《しゅるい》

家庭用《かていよう》マスク　医療用《いりょうよう》マスク　産業用《さんぎょうよう》マスク

不織布《ふしょくふ》マスクの構造《こうぞう》

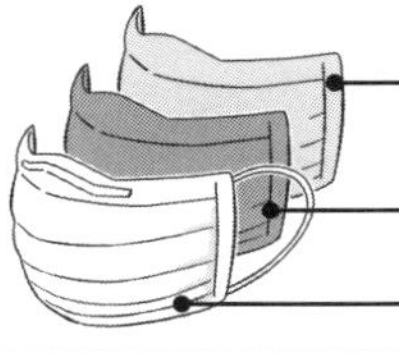

使《つか》う目的《もくてき》によってマスクはさまざまな種類《しゅるい》がある

マスクにはさまざまな用途《ようと》があり、それによって素《そ》材《ざい》や構造《こうぞう》も異《こと》なるのを知《し》っているかな？ 風邪《かぜ》をひいたときや花粉症対策《かふんしょうたいさく》に用《もち》いる家庭用《かていよう》マスクは、フィルター部分《ぶぶん》の素材《そざい》によってガーゼタイプと不織布《ふしょくふ》タイプの2種類《しゅるい》に分《わ》かれる。不織布《ふしょくふ》の方《ほう》が繊維《せんい》の隙間《すきま》が小《ちい》さいため、花粉《かふん》などの粒子《りゅうし》をカットする効果《こうか》が高《たか》いんだ。

病院《びょういん》などでの感染予防《かんせんよぼう》を目的《もくてき》とする医療用《いりょうよう》マスクは、家庭用《かていよう》よりも繊維間《せんいかん》の目《め》が細《こま》かい不織布《ふしょくふ》をフィルター部分《ぶぶん》に使用《しよう》している。形《けい》状《じょう》も、口元《くちもと》が広《ひろ》く呼吸《こきゅう》しやすいプリーツ型《がた》と、防護率《ぼうごりつ》が高《たか》まるように顔《かお》のラインに沿《そ》った形《かたち》の立体型《りったいがた》がある。一方《いっぽう》、産《さん》業用《ぎょうよう》マスクは工場《こうじょう》や工事現《こうじげん》場《ば》で用《もち》いられ、人体《じんたい》に有害《ゆうがい》なおそれのある細《こま》かい粒子《りゅうし》を吸《す》い込《こ》まないよう特殊《とくしゅ》な性《せい》能《のう》のフィルターを素材《そざい》にしているよ。

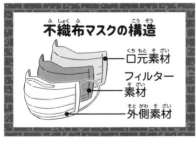

中世《ちゅうせい》ヨーロッパで発明《はつめい》された鳥《とり》のクチバシのようなペストマスク

現在《げんざい》使《つか》われている種類《しゅるい》のうち、産業用《さんぎょうよう》マスクはすでに1世紀《せいき》ごろの古代《こだい》ローマに存在《そんざい》していた。鉱山《こうざん》で働《はたら》く人々《ひとびと》は有害《ゆうがい》なちりを吸《す》わないよう、動物《どうぶつ》のぼうこうでつくったマスクを着用《ちゃくよう》していたんだ。

一方《いっぽう》、医療現場《いりょうげんば》で使《つか》う衛生用《えいせいよう》のマスクは、中世《ちゅうせい》に感染症《かんせんしょう》の研究《けんきゅう》が進《すす》むようになってから本格的《ほんかくてき》に開発《かいはつ》されていった。17世紀《せいき》にヨーロッパでペストが流行《りゅうこう》すると、フランスの医師《いし》シャルル・ド・ロルムは、治療《ちりょう》にあたる医師《いし》たちのために鳥《とり》のクチバシのようなものが付《つ》いたマスクを発明《はつめい》。クチバシ内部《ないぶ》の先端《せんたん》には大量《たいりょう》の薬草《やくそう》や香草《こうそう》が詰《つ》められていた。これは、当時《とうじ》ペストの原因《げんいん》が「腐《くさ》った物質《ぶっしつ》や悪臭《あくしゅう》で空気《くうき》が汚染《おせん》されているため」と考《かんが》えられていたことが理由《りゆう》で、医者《いしゃ》たちはハーブなどの香《かお》りを吸《す》いながら治療《ちりょう》にあたっていたんだ。

ペストマスクを着《つ》けた医師《いし》

シャルル・ド・ロルム

17世紀《せいき》フランスの医師《いし》。黒死病《こくしびょう》の治療《ちりょう》と感染拡大《かんせんかくだい》を防《ふせ》ぐためにヨーロッパ諸国《しょこく》で活動《かつどう》し、王族《おうぞく》の主治医《しゅじい》も務《つと》めた。

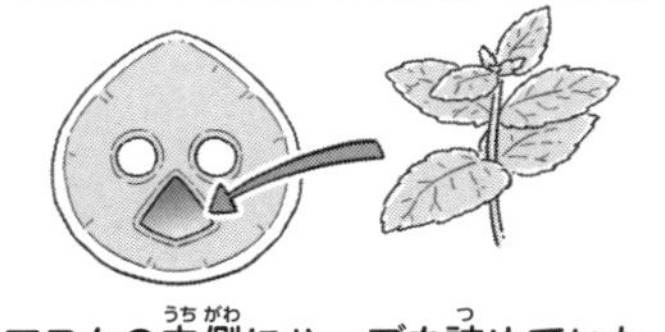

マスクの内側《うちがわ》にハーブを詰《つ》めていた

でも、単《たん》に感染予防《かんせんよぼう》が目的《もくてき》であれば、こんな不思議《ふしぎ》な形《かたち》にする必要《ひつよう》はないよね。ペストは鳥《とり》によって感染《かんせん》するものと信《しん》じられていたため、「マスクを鳥《とり》のクチバシのような形《かたち》にすることで、病気《びょうき》を鳥《とり》にうつし返《かえ》す」という、おまじないのような意味《いみ》も込《こ》められていたそうだよ。

日本《にほん》で最初《さいしょ》に発明《はつめい》された マスクの名前《なまえ》は「福面《ふくめん》」

17世紀《せいき》にヨーロッパで感染症対策《かんせんしょうたいさく》として衛生用《えいせいよう》マスクが発明《はつめい》された頃《ころ》、日本《にほん》にはまだマスクが存在《そんざい》せず、人々《ひとびと》は風邪《かぜ》などの感染症《かんせんしょう》から身《み》を守《まも》るために手《て》ぬぐいで口《くち》をおおっていた。一方《いっぽう》、公家《くげ》が便所《べんじょ》の臭《にお》いを避《さ》けるために鼻《はな》をおおう「御鼻袋《おはなぶくろ》」を使《つか》っていたが、鼻《はな》と口《くち》をすっぽり覆《おお》う本格的《ほんかくてき》なマスクが初《はじ》めて発明《はつめい》されたのは江戸時代末期《えどじだいまっき》になってからなんだ。

マスクのない
時代《じだい》は
手《て》ぬぐいなどを
利用《りよう》

日本《にほん》では室町時代《むろまちじだい》から鉱山《こうざん》の開発《かいはつ》が進《すす》み、その中《なか》でも石見銀山《いわみぎんざん》は銀《ぎん》の産出量《さんしゅつりょう》が日本最大《にほんさいだい》の規模《きぼ》になるほど栄《さか》えた。しかし、銀《ぎん》をたくさん採掘《さいくつ》するため地《ち》中深《ちゅうふか》くまで掘《ほ》り進《すす》めていくにつれて、作業員《さぎょういん》が石《いし》の粉《こな》や灯《あか》りの油煙《ゆえん》を吸《す》うことによって肺《はい》を患《わずら》う鉱《こう》山病《ざんびょう》で苦《くる》しむようになっていった。地元《じもと》の代官《だいかん》はこうした健康被害《けんこうひがい》を改善《かいぜん》するため、薬草学《やくそうがく》とオランダ医学《いがく》を学《まな》んだ宮太柱《みやたいちゅう》という医師《いし》に鉱山病対策《こうざんびょうたいさく》を依頼《いらい》。太柱《たいちゅう》は石見銀山《いわみぎんざん》で調査《ちょうさ》に取《と》り組《く》み、呼吸用保護具《こきゅうようほごぐ》としてマスクを考案《こうあん》したんだ。

このマスクは、表面《ひょうめん》に柿渋《かきしぶ》を塗《ぬ》った絹布《けんぷ》を金属《きんぞく》の骨《ほね》組《ぐ》みに縫《ぬ》いつけ、両端《りょうたん》にひもをつけて耳《みみ》にかける構造《こうぞう》になっている。さらに、梅《うめ》に含《ふく》まれる酸《さん》の力《ちから》が粉《ふん》じんの付着《ふちゃく》を防《ふせ》ぐと考《かんが》え、マスクの内側《うちがわ》に梅肉《ばいにく》をはさんでいた。太柱《たいちゅう》がこのマスクにつけた名前《なまえ》は「福面《ふくめん》」。本来《ほんらい》なら「覆面《ふくめん》」と呼《よ》ぶところを、縁起《えんぎ》を担《かつ》いで「福《ふく》」という字《じ》に置《お》き換《か》えたといわれているよ。

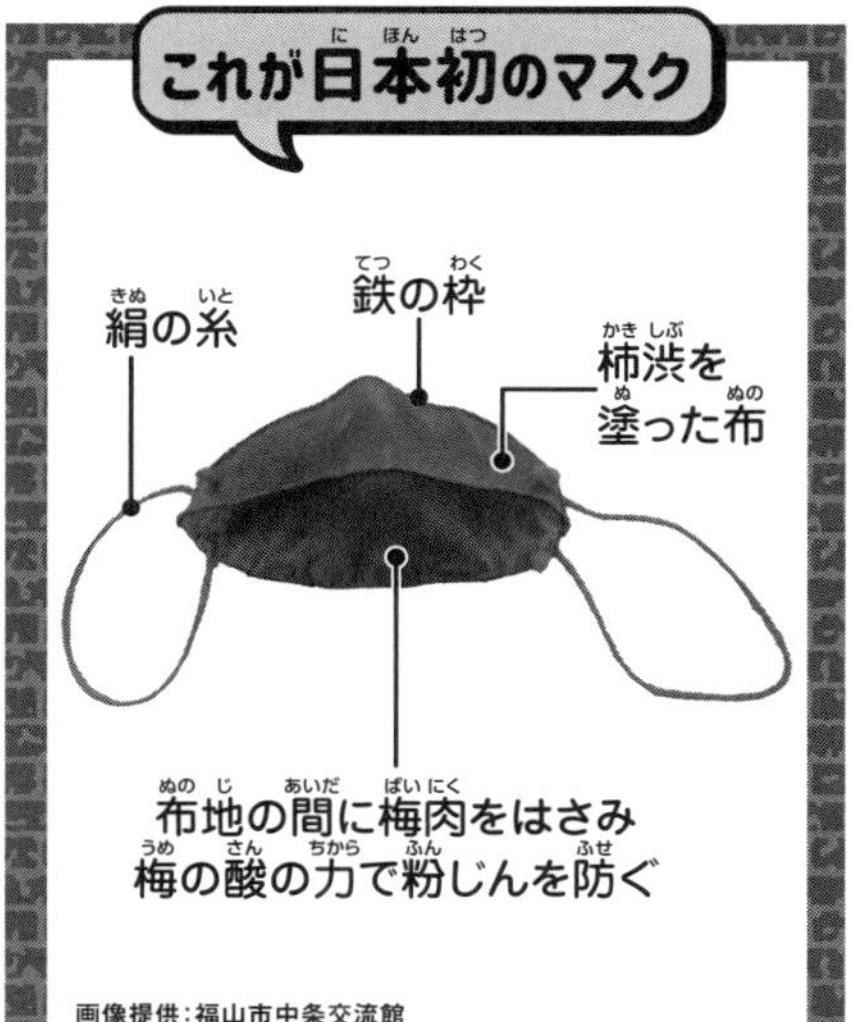
これが日本初《にほんはつ》のマスク
絹《きぬ》の糸《いと》
鉄《てつ》の枠《わく》
柿渋《かきしぶ》を塗《ぬ》った布《ぬの》
布地《ぬのじ》の間《あいだ》に梅肉《ばいにく》をはさみ
梅《うめ》の酸《さん》の力《ちから》で粉《ふん》じんを防《ふせ》ぐ

画像提供：福山市中条交流館

スペイン風邪《かぜ》をきっかけに一般家庭《いっぱんかてい》にもマスクが普及《ふきゅう》

宮太柱《みやたいちゅう》が日本《にほん》で初《はじ》めてマスクを発明《はつめい》した後《のち》、イギリスで呼吸器疾患《こきゅうきしっかん》の人《ひと》のために開発《かいはつ》された「呼吸器《こきゅうき》」という名称《めいしょう》のマスクが日本《にほん》へ輸入《ゆにゅう》された。これは、真《しん》ちゅうの金網《かなあみ》に布地《ぬのじ》を張《は》りつける構造《こうぞう》で、１８７９年《ねん》から国内《こくない》で一般向《いっぱんむ》けに生産《せいさん》されるようになった。ただし、湿《しめ》った息《いき》によって金属《きんぞく》がさびてしまうなど耐久性《たいきゅうせい》の面《めん》で問題《もんだい》があり、なかなか普及《ふきゅう》しなかったんだ。

そんな中《なか》、１９１８年《ねん》に世界的《せかいてき》に流行《りゅうこう》したスペイン風邪《かぜ》が日本《にほん》でも猛威《もうい》を振《ふ》るうようになると、感染症予《かんせんしょうよ》防《ぼう》のために多《おお》くの人《ひと》が使《つか》うようになり、名称《めいしょう》も「マスク」で定着《ていちゃく》。その間《あいだ》にもマスクの改良《かいりょう》が進《すす》み、枠《わく》の素材《そざい》を金網《かなあみ》からセルロイドに変《か》えたり、フィルター部分《ぶぶん》に綿織物《めんおりもの》や皮革《ひかく》を用《もち》いるようになったよ。

その後《ご》もインフルエンザが流行《りゅうこう》するたびにマスクの出荷量《しゅっかりょう》が増《ふ》え、性能《せいのう》やつけ心地《ごこち》をよくするために、形状《けいじょう》や素材《そざい》に工夫《くふう》が重《かさ》ねられていった。１９５０年《ねん》には布地《ぬのじ》の代《か》わりにガーゼを用《もち》いたマスク、１９７３年《ねん》には現在《げんざい》の主流《しゅりゅう》となっているプリーツ型《がた》の不織布《ふしょくふ》マスクが誕生《たんじょう》し、性能《せいのう》や使《つか》いやすさが増《ま》していったんだ。そして１９８０年代《ねんだい》から花粉症《かふんしょう》が流行《りゅうこう》したことで、マスクはますます身近《みぢか》なものになったよ。

日本《にほん》のマスクの進化《しんか》

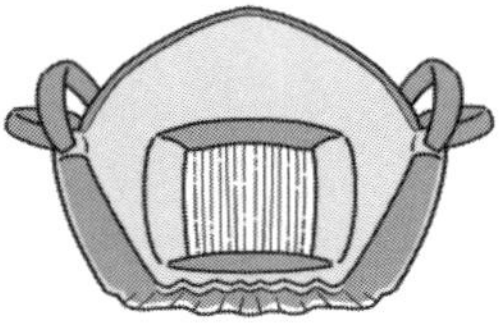

金属製《きんぞくせい》マスク（1879年《ねん》）

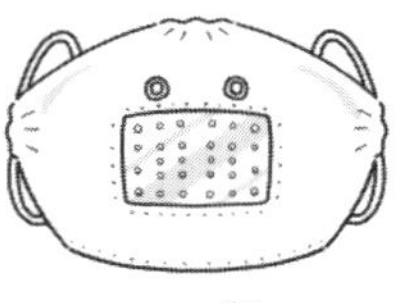

セルロイド製《せい》マスク（1918年《ねん》ごろ）

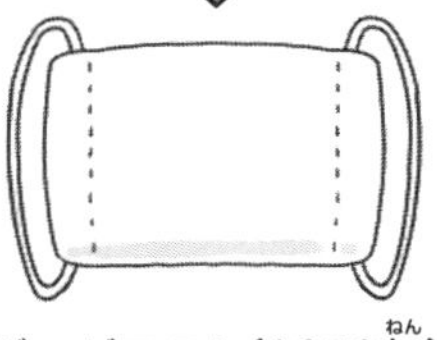

ガーゼマスク（1950年《ねん》）

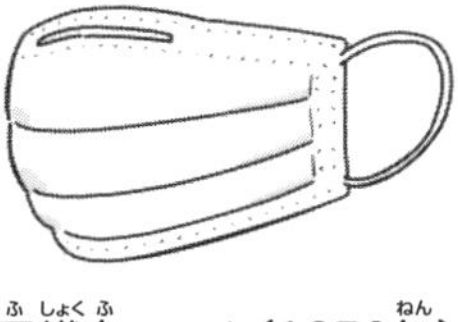

不織布《ふしょくふ》マスク（1973年《ねん》）

第《だい》2章《しょう》 まんが初登場《はつとうじょう》シーンでふりかえる!
発明《はつめい》グッズコレクション

「白《しろ》い雪《ゆき》・・・ 黒《くろ》い影《かげ》・・・」

黒《くろ》ずくめの男《おとこ》たちとの取《と》引《ひき》に向《む》かうコナン。緊《きん》迫《ぱく》度《ど》MAX《マックス》のなかで!?
名探偵コナン
37

コミックス37巻《かん》から登場《とうじょう》!

便利度《べんりど》 NO.1

発明品《はつめいひん》13 [どこでもボール射出《しゃしゅつ》ベルト]

ベルトのバックルの中《なか》に、特殊《とくしゅ》なガスで膨《ふく》らませるサッカーボールが入《はい》っている。ダイヤルの調整《ちょうせい》で、ボールの大《おお》きさを変《か》えられるぞ!!

どこでもボール射出《しゃしゅつ》ベルトじゃ!!
一見《いっけん》ただのベルトに見《み》えるが…
見《み》えねーよ…
ダイヤルを合《あ》わせてボタンを押《お》すと…
おーっ!!
ほーーれ、サッカーボールの出来上《できあ》がりじゃ!!
スゲー!!
これなら犯人《はんにん》が何人《なんにん》いても捕《つか》まえられるな!!
いや、一人《ひとり》か二人《ふたり》じゃ…
テン テン
このゴムの性質上《せいしつじょう》、ベルトから離《はな》れたら10秒《びょう》しか形《かたち》を保《たも》っておれんのじゃ…
あ、そう…
そのかわり伸縮自在《しんしゅくじざい》!入《い》れるガスの量次第《りょうしだい》でアドバルーン大《だい》にもなるんじゃぞ!!
おーーっそりゃーお得《とく》だぜー!!
バカバカしい…私《わたし》、もう寝《ね》るから…
で?これからどーするんじゃ?
決《き》まってんだろ?

プログラマーになりすましたコナンはウォッカとの取引現場《とりひきげんば》へと向《む》かう!!

これから板倉《いたくら》さんの別荘《べっそう》に行《い》って、例《れい》のシステムソフトを手《て》に入《い》れて、
その別荘《べっそう》のPC《パソコン》で受《う》け取《と》るんだよ!! 午前《ごぜん》0時《じ》に送《おく》られて来《く》る奴《やつ》らからのメールをな!

黒《くろ》ずくめの組織《そしき》と取引《とりひき》をしていた、プログラマーの日記《にっき》を手《て》に入《い》れたコナン。そこへ、コナンをプログラマーだと思《おも》い込《こ》んだウォッカから電話《でんわ》がかかってくる。コナンはプログラマーになりすまして、組織《そしき》との取引現場《とりひきげんば》へ向《む》かおうとするのだが…。

じゃあ4時《じ》だ…
今《いま》から4時間後《じかんご》の午前《ごぜん》4時《じ》…さっき言《い》った場所《ばしょ》にソフトを持《も》って来《こ》な…

この二人《ふたり》、宝石強盗犯《ほうせきごうとうはん》なんだから…

このガキなんて事《こと》を!?

な、何《なん》なの?

やめなよ…そんなショボいモデルガンじゃ、宝石店《ほうせきてん》はだませてもオレの目《め》はごまかせねぇぜ…

何《なん》なのよあんた!?

江戸川《えどがわ》コナン…

探偵《たんてい》さ…

取引《とりひき》に向《む》かうコナンは宝石強盗犯《ほうせきごうとうはん》と遭遇《そうぐう》!!

組織《そしき》の取引現場《とりひきげんば》への移動中《いどうちゅう》に、博士《はかせ》の車《くるま》のタイヤがパンク。偶然通《ぐうぜんとお》りかかった車《くるま》をヒッチハイクしたコナンたちだが、その車《くるま》の2人組《ふたりぐみ》は、どうも態度《たいど》がヘン…。車《くるま》の中《なか》の様子《ようす》や2人《ふたり》の言動《げんどう》を見《み》たコナンは、彼《かれ》らが逃走中《とうそうちゅう》の宝石強盗犯《ほうせきごうとうはん》であることを見抜《みぬ》く!!

「どこでもボール射出《しゃしゅつ》ベルト」を使《つか》って宝石強盗犯《ほうせきごうとうはん》を撃退《げきたい》!!

正体《しょうたい》がバレ、銃《じゅう》を突《つ》きつけてきた宝石強《ほうせきごう》盗犯《とうはん》。コナンは一人《ひとり》を麻酔銃《ますいじゅう》で眠《ねむ》らせ、もう一人《ひとり》を最大《さいだい》まで膨《ふく》らませた「どこでもボール射出《しゃしゅつ》ベルト」のサッカーボールで動《うご》きを完全《かんぜん》に封《ふう》じた。

▲最大《さいだい》の大《おお》きさになったサッカーボールに潰《つぶ》されて、後部座席《こうぶざせき》の犯人《はんにん》は身動《みうご》きがとれなくなった!!

サッカーボールの発明《はつめい》と進化《しんか》

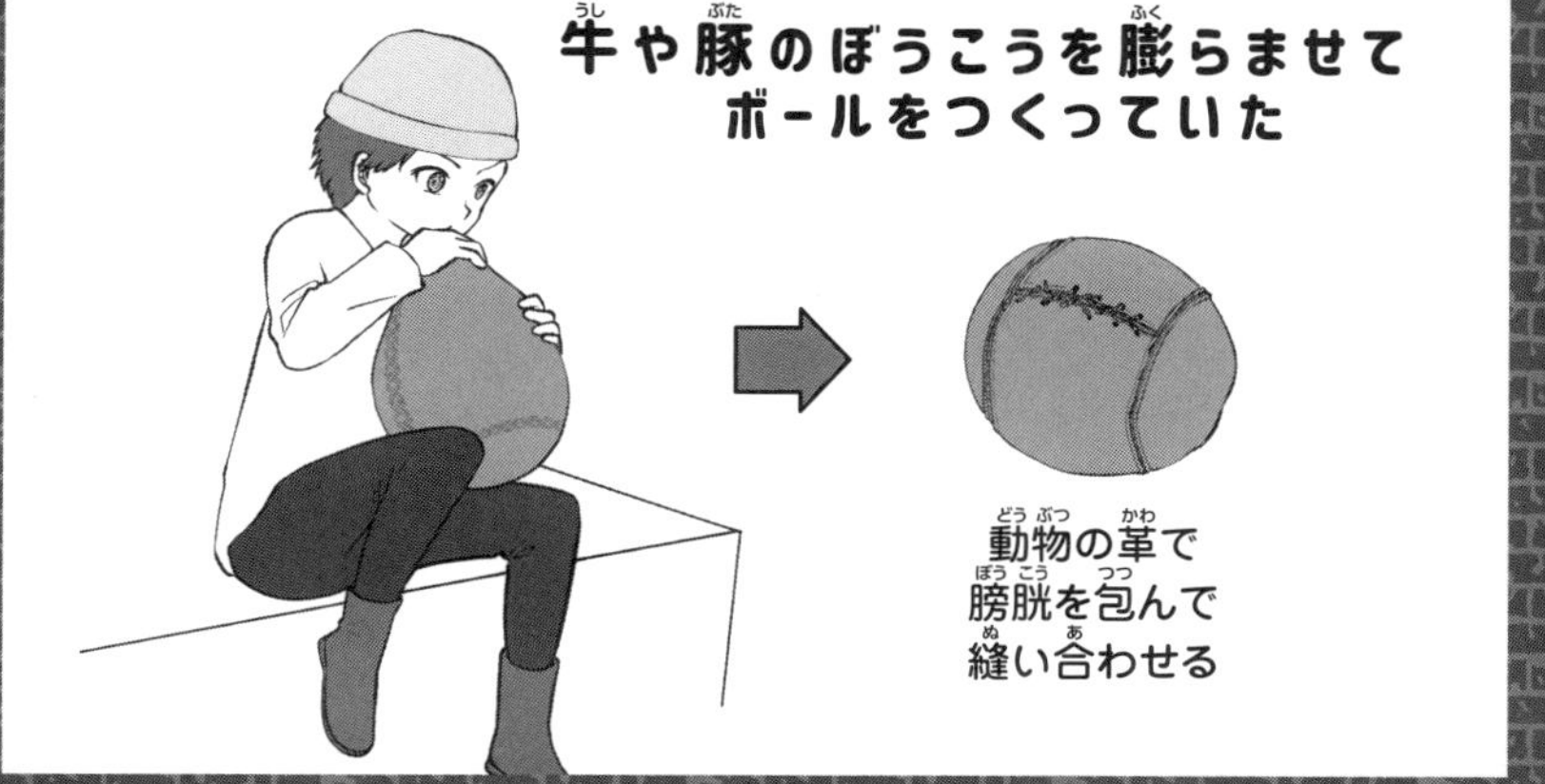
牛《うし》や豚《ぶた》のぼうこうを膨《ふく》らませて
ボールをつくっていた
動物《どうぶつ》の革《かわ》で
膀胱《ぼうこう》を包《つつ》んで
縫《ぬ》い合《あ》わせる

昔《むかし》のサッカーボールの材料《ざいりょう》は動物《どうぶつ》の膀胱《ぼうこう》だった！

コナンが得意《とくい》なサッカーの起源《きげん》といえる遊《あそ》びは大昔《おおむかし》から存在《そんざい》していたが、使《つか》われるボールは今《いま》とはまったくの別物《べつもの》だったんだ。

古代《こだい》ローマでは、羽毛《うもう》などの繊維《せんい》を布《ぬの》や革《かわ》の袋《ふくろ》に詰《つ》めたものをボールとして蹴《け》っていたが、重《おも》くて弾《はず》みにくかったという。古代中国《こだいちゅうごく》で生《う》まれた蹴鞠《けまり》も羽毛《うもう》を詰《つ》めた布《ぬの》を丸《まる》くして鞠《まり》をつくり、中国《ちゅうごく》から伝《つた》わった日本《にほん》では布《ぬの》の代《か》わりに鹿《しか》の皮《かわ》を縫《ぬ》い合《あ》わせてつくっていた。やがてボールを蹴《け》る遊《あそ》びが中世《ちゅうせい》のイギリスに伝《つた》わり、フットボールという競技《きょうぎ》として改良《かいりょう》された頃《ころ》には、牛《うし》や豚《ぶた》の膀胱《ぼうこう》を膨《ふく》らませて革《かわ》で包《つつ》んだボールが誕生《たんじょう》。しかし、膀胱《ぼうこう》は膨《ふく》らませても球形《きゅうけい》にはならず、またすべてを一定《いってい》の形《かたち》に統一《とういつ》できないという欠点《けってん》があった。

そんなボールの常識《じょうしき》を変《か》える画期的《かっきてき》な素材《そざい》が１８３９年《ねん》に誕生《たんじょう》した。グッドイヤーが発明《はつめい》した加硫《かりゅう》ゴムだ。生《なま》ゴムに硫黄《いおう》を混《ま》ぜて加熱《かねつ》すると丈夫《じょうぶ》かつ弾力性《だんりょくせい》が増《ま》す加硫《かりゅう》ゴムはサッカーボールの素材《そざい》にぴったりで、１８５５年《ねん》から現代《げんだい》のタイプに近《ちか》いゴム製《せい》ボールを一定《いってい》のサイズでつくれるようになったんだ。

サッカーボールはなぜ白黒《しろくろ》の32面体《めんたい》になった？

近年《きんねん》のサッカーボールはさまざまな色《いろ》やデザインがあるけど、五角形《ごかっけい》の黒《くろ》いパネルがいっぱい並《なら》んだデザインがなじみ深《ぶか》いんじゃないかな。この白黒《しろくろ》サッカーボールが開発《かいはつ》されたのは１９６０年代《ねんだい》のこと。当時《とうじ》のサッカーボールは茶色《ちゃいろ》が一般的《いっぱんてき》だったけど、モノクロのテレビ放送《ほうそう》だと、土《つち》と同《おな》じ色《いろ》の茶色《ちゃいろ》いボールは見《み》えにくいという問題《もんだい》があった。そこで、白黒《しろくろ》に色分《いろわ》けされたサッカーボールがデザインされたんだ。

また、白黒《しろくろ》サッカーボールをよく見《み》ると、白《しろ》い模様《もよう》の部分《ぶぶん》が六角形《ろっかっけい》になっているよね。実《じつ》はサッカーボールは、五角形《ごかっけい》の黒《くろ》いパネル12枚《まい》と、六角形《ろっかっけい》の白《しろ》いパネル20枚《まい》を組《く》み合《あ》わせた32面体《めんたい》なんだ。もちろんそれには理由《りゆう》があるよ。

32面体《めんたい》とは、球体《きゅうたい》に最《もっと》も近《ちか》い立体《りったい》として古代《こだい》ギリシャの物理学者《ぶつりがくしゃ》アルキメデスが考案《こうあん》したもの。サッカーボールは複数《ふくすう》の枚数《まいすう》の革《かわ》を組《く》み合《あ》わせてつくるため、完全《かんぜん》に丸《まる》い形《かたち》にすることは不可能《ふかのう》なんだ。そこで、なるべく丸《まる》い形《かたち》になるよう、五角《ごかっ》形《けい》と六角形《ろっかっけい》の革製《かわせい》パネルを組《く》み合《あ》わせる32面体《めんたい》をサッカーボールに採用《さいよう》したんだよ。

茶色《ちゃいろ》だと土《つち》と色《いろ》が近《ちか》くて見分《みわ》けづらい

白黒《しろくろ》ボールのほうが見分《みわ》けがつきやすい

白黒《しろくろ》サッカーボールは五角形《ごかっけい》と六角形《ろっかっけい》の32面体《めんたい》

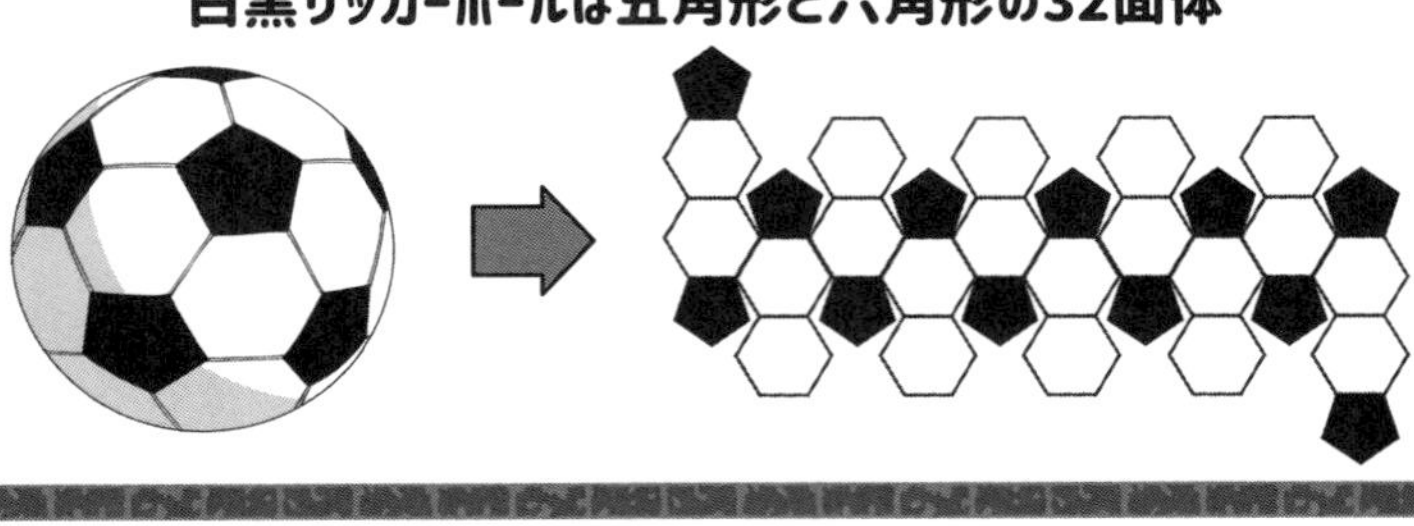

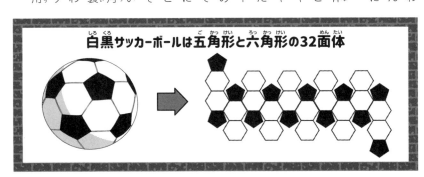

パネルの枚数《まいすう》がどんどん減《へ》っている

14枚《まい》

+チームガイスト
(2006年《ねん》)

8枚《まい》

ジャブラニ
(2010年《ねん》)

6枚《まい》

ブラズーカ
(2014年《ねん》)

画像提供：アディダス ジャパン株式会社

多面体《ためんたい》から球体《きゅうたい》へと近《ちか》づくサッカーボールの進化《しんか》

１９６０年代《ねんだい》に32面体《めんたい》の白黒《しろくろ》サッカーボールが誕生《たんじょう》してから、ボールを構成《こうせい》するパネルの枚数《まいすう》は32枚《まい》が主流《しゅりゅう》になった。その一方《いっぽう》、ボールの形《かたち》をより球体《きゅうたい》に近《ちか》づけようとする試《こころ》みは続《つづ》けられていた。そんな中《なか》、21世紀《せいき》に科学技術《かがくぎじゅつ》が進化《しんか》し、パネルとパネルを熱《ねつ》で接合《せつごう》するサーマルボンディング製法《せいほう》が開発《かいはつ》されたことで、パネルの枚数《まいすう》を減《へ》らすことができるようになったよ。

２００６年《ねん》のドイツワールドカップで使用《しよう》された公式試合球《こうしきしあいきゅう》「+チームガイスト」は、14枚《まい》の曲面《きょくめん》パネルを熱《ねつ》で接着《せっちゃく》。続《つづ》く２０１０年《ねん》の南《みなみ》アフリカワールドカップでは、トライポッド型《がた》のパネル4枚《まい》とトライアングル型《がた》のパネル4枚《まい》を組《く》み合《あ》わせた8面体《めんたい》「ジャブラニ」、２０１４年《ねん》のブラジルワールドカップでは十字形《じゅうじがた》のパネル6枚《まい》を接合《せつごう》した6面体《めんたい》「ブラズーカ」を採用《さいよう》。ボールのデザインもカラフルに変化《へんか》していったよ。

熱接合《ねつせつごう》でサッカーボールをつくるメリットは、パネルの枚数《まいすう》だけではない。従来《じゅうらい》の手縫《てぬ》いボールだと縫《ぬ》い目《め》から水《みず》が浸入《しんにゅう》してボールが重《おも》くなるのに対《たい》し、パネルの接合部分《せつごうぶぶん》に縫《ぬ》い目《め》がなくなることで水《みず》が入《はい》りづらくなった。また、縫《ぬ》い目《め》がないと空気抵抗《くうきていこう》も減《へ》るので、ボールのスピードが落《お》ちにくくなるんだ。

ベルトの発明《はつめい》と進化《しんか》

昔《むかし》のベルトには必要《ひつよう》な道具《どうぐ》を吊るしていた

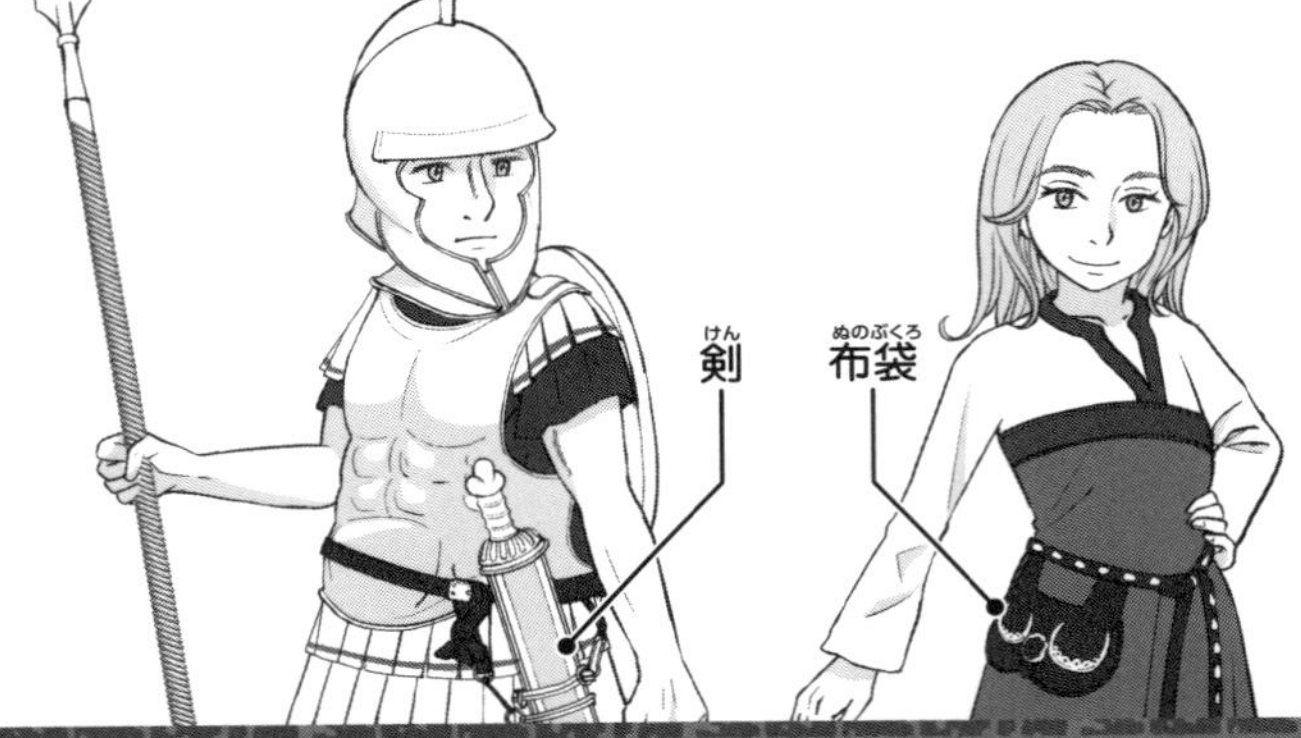

ベルトの始《はじ》まりは古代《こだい》兵士《へいし》の武具《ぶぐ》だった！

ズボンなどの衣類《いるい》がずり落《お》ちてくるのを防《ふせ》ぐために用《もち》いるベルトのもとになったのは、古代《こだい》ギリシャで兵士《へいし》たちが着用《ちゃくよう》していた「バルテウス」という武具《ぶぐ》だ。剣《けん》を吊《つ》るために腰《こし》に巻《ま》いたり肩《かた》に掛《か》けたりして身《み》につけられていたもので、これがベルトへ発展《はってん》したと考《かんが》えられているよ。

中世《ちゅうせい》になっても兵士《へいし》が剣帯《けんたい》としてベルトを用《もち》いる一方《いっぽう》、女性《じょせい》も財布《さいふ》や布袋《ぬのぶくろ》をぶら下《さ》げる道具《どうぐ》としてベルトを巻《ま》くようになった。また、宝石《ほうせき》や金糸《きんし》を使《つか》った美《うつく》しいデザインのものがつくられるようになり、ベルトに装飾品《そうしょくひん》としての意味合《いみあ》いも加《くわ》わっていったんだ。

現在《げんざい》のように衣類《いるい》を固定《こてい》するための道具《どうぐ》としてベルトが主流《しゅりゅう》になったのは、実《じつ》は20世紀《せいき》に入《はい》ってから。それまでは帯《おび》やひもを巻《ま》いたり、あるいはバンドでズボンを吊《つ》り上《あ》げるサスペンダーがおもに使用《しよう》されていた。庶民《しょみん》が着《き》ていた男性用《だんせいよう》ズボンは胸《むね》の高《たか》さまであるものが一般的《いっぱんてき》で、サスペンダーの方《ほう》が着脱《ちゃくだつ》しやすかったからなんだ。やがて、ズボンにベルト用《よう》のベルト通《とお》しがつくようになると、サスペンダーに代《か》わってベルトを用《もち》いる人《ひと》が増《ふ》えていったよ。

第《だい》2章《しょう》 まんが初登場《はつとうじょう》シーンでふりかえる!
発明《はつめい》グッズコレクション

「堆《つい》黒《こく》盆《ぼん》」

博士《はかせ》の
優《やさ》しい気《き》持《も》ちで
開発《かいはつ》された
発明《はつめい》グッズ… だが!?

コミックス97巻《かん》から登場《とうじょう》!

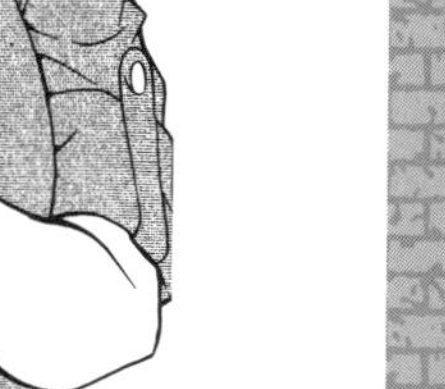

優《やさ》しさ NO.1

発《はつ》明《めい》品《ひん》14 [聞《き》こエンジェル]

阿笠博士《あがさはかせ》が知《し》り合《あ》いの古美術鑑定士《こびじゅつかんていし》・西津《にしつ》さんのために作《つく》った補聴《ほちょう》器《き》。性能《せいのう》は優《すぐ》れているけど、調子《ちょうし》が悪《わる》くなることが多《おお》いのが難点《なんてん》だ。

阿笠《あがさ》博士《はかせ》の知《し》り合《あ》いの鑑定士《かんていし》の邸宅《ていたく》へやって来《き》たコナンたちだが……!?

鑑定士《かんていし》が殺《ころ》された現場《げんば》には、発明《はつめい》グッズの「聞《き》こエンジェル」が!!

阿笠博士《あがさはかせ》が鑑定士《かんていし》の西津《にしつ》さんの家《いえ》を訪《おとず》れると、そこには何者《なにもの》かに殴《なぐ》られた西津《にしつ》さんが倒《たお》れていた!! 近《ちか》くには博士《はかせ》が渡《わた》した「聞《き》こエンジェル」が転《ころ》がっていたが…。この発明《はつめい》グッズの存在《そんざい》が、事件《じけん》を解決《かいけつ》する重要《じゅうよう》な証拠《しょうこ》となる!?

補《ほ》聴《ちょう》器《き》の発明《はつめい》と進化《しんか》

補《ほ》聴《ちょう》器《き》のしくみ（耳《みみ》かけ型《がた》）

電線《でんせん》
マイク
アンプ
（音《おと》を大《おお》きくする）
操作《そうさ》ボタン
レシーバー
（音《おと》を出《だ》す装置《そうち》）
耳栓《みみせん》
電池《でんち》

補聴器《ほちょうき》はどうやって音《おと》が聞《き》こえるの？

人間《にんげん》は年齢《ねんれい》が進《すす》むにつれて聴力《ちょうりょく》が低下《ていか》したり、また音声情報《おんせいじょうほう》を脳《のう》に送《おく》るための部位《ぶい》に障《しょう》がいがあると音《おと》や声《こえ》が聞《き》こえづらくなる。そうした人《ひと》たちが聞《き》こえを良《よ》くするために使《つか》うものが補聴器《ほちょうき》だ。

補聴器《ほちょうき》の基本的《きほんてき》なしくみは、まずマイクで周囲《しゅうい》の音《おと》を集《あつ》め、電気信号《でんきしんごう》に変換《へんかん》する。続《つづ》いて、電気信号《でんきしんごう》に変換《へんかん》された音《おと》がアンプに入《はい》り、音《おと》を大《おお》きくしたり不要《ふよう》な雑《ざつ》音《おん》をおさえるなどの調整《ちょうせい》が行《おこな》われる。そして最後《さいご》に、調整《ちょうせい》された電気信号《でんきしんごう》をレシーバーで再《ふたた》び音《おと》に変換《へんかん》し、鼓膜《こまく》に届《とど》けるようになっているんだ。

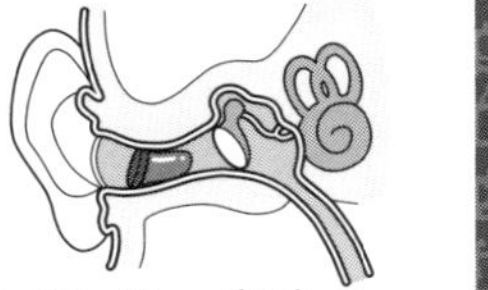
耳《みみ》の中《なか》に収《おさ》まる極小《ごくしょう》サイズも!

補聴器《ほちょうき》の主《おも》な種類《しゅるい》は「耳《みみ》かけ型《がた》」「耳《みみ》あな型《がた》」「ポケット型《がた》」に分《わ》かれ、それぞれの種類《しゅるい》でもいろんな形《かたち》がある。たとえば耳《みみ》あな型《がた》だと、耳《みみ》のくぼみ全体《ぜんたい》をおおうタイプや、耳《みみ》の中《なか》に完全《かんぜん》に収《おさ》まって外《そと》から見《み》えないタイプもあり、聞《き》こえの程度《ていど》や自分《じぶん》の好《この》みに合《あ》ったものを選《えら》べるよ。

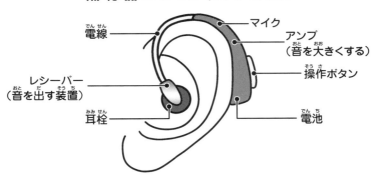

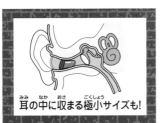

ベートーヴェンも使《つか》っていた トランペット型《がた》補聴器《ほちょうき》

古《ふる》くから人間《にんげん》は音《おと》や声《こえ》を聞《き》こえやすくするために、耳《みみ》に手《て》をかざしたり、ほら貝《がい》を耳《みみ》にあてるなどさまざまな工夫《くふう》を重《かさ》ねてきた。そして17世紀《せいき》半《なか》ばごろに、ドイツの学者《がくしゃ》キルヒャーが補聴器《ほちょうき》を発明《はつめい》したんだ。

ただし、キルヒャーが生《う》み出《だ》した補聴器《ほちょうき》は、現在《げんざい》のようにマイクやレシーバーを備《そな》えた電気式《でんきしき》ではなかった。しかも見《み》た目《め》はまるでトランペット！ 細《ほそ》い部分《ぶぶん》の先端《せんたん》を耳《みみ》に入れ、反対側《はんたいがわ》の広《ひろ》い口《くち》から集《あつ》めた音《おと》を聞《き》くというしくみだ。管《くだ》の中《なか》を通《とお》ることによって音《おと》が前後《ぜんご》や上下《じょうげ》に散《ち》らばらないため、聞《き》こえやすくなるんだ。メガホンと同《おな》じようなしくみだね。

トランペット型《がた》補聴器《ほちょうき》を愛用《あいよう》した人物《じんぶつ》として有名《ゆうめい》なのが、ドイツの作曲家《さっきょくか》ベートーヴェン。20歳代《さいだい》から難聴《なんちょう》で苦《くる》しんでいた彼《かれ》は、40歳代《さいだい》にまったく音《おと》が聞《き》こえなくなるまで、補聴器《ほちょうき》を使用《しよう》して会話《かいわ》を行《おこな》っていた。ただし、ピアノを使《つか》って作曲《さっきょく》するときは補聴器《ほちょうき》を使《つか》えないので、代《か》わりにベートーヴェンは骨《こつ》伝導《でんどう》を実践《じっせん》。指揮棒《しきぼう》を口《くち》にくわえてその先《さき》をピアノに押《お》し当《あ》て、歯《は》から骨《ほね》に伝《つた》わってくる振動《しんどう》によって音《おと》を感《かん》じ取《と》っていたんだ。

最初《さいしょ》の補聴器《ほちょうき》はトランペット型《がた》

アタナシウス・キルヒャー

古代《こだい》エジプトや地質《ちしつ》学《がく》など幅広《はばひろ》い分野《ぶんや》で多《おお》くの研究《けんきゅう》を残《のこ》した学者《がくしゃ》。古代文字《こだいもじ》ヒエログリフの解明《かいめい》にも初《はじ》めて取《と》り組《く》んだ。

ベートーヴェン
会話用《かいわよう》に
補聴器《ほちょうき》を使《つか》った

ベルが発明《はつめい》した電話《でんわ》技術《ぎじゅつ》を応用《おうよう》し 電気式《でんきしき》の補聴器《ほちょうき》が誕生《たんじょう》

トランペット型《がた》の誕生《たんじょう》から約《やく》200年後《ねんご》の1876年《ねん》、アメリカの科学者《かがくしゃ》ベルが、音《おと》の空気振動《くうきしんどう》を電気信《でんきしん》号《ごう》に変《か》えることによって人《ひと》の声《こえ》を送《おく》ることができる電《でん》話機《わき》を発明《はつめい》。それから2年後《ねんご》の1878年《ねん》、電話機《でんわき》を製造《せいぞう》していたドイツの電気工学者《でんきこうがくしゃ》ジーメンスが、音《おと》を電気信号《でんきしんごう》に変《か》えると電流《でんりゅう》によって大《おお》きく増幅《ぞうふく》できることに気《き》づき、耳《みみ》が聞《き》こえづらい人向《ひとむ》けの電話受信器《でんわじゅしんき》を発明《はつめい》した。つまり、電気式補聴器《でんきしきほちょうき》の元祖《がんそ》といえるものがついに生《う》まれたんだ。

1898年《ねん》にはアメリカの電気技術者《でんきぎじゅつしゃ》ハチソンが、電池《でんち》を電源《でんげん》とする携帯型《けいたいがた》の電気式補聴器《でんきしきほちょうき》「アコーフォーン」を製作《せいさく》。その後《ご》、世界中《せかいじゅう》に補聴器《ほちょうき》メーカーが設立《せつりつ》され、それぞれ新《あら》たな補聴器《ほちょうき》を開発《かいはつ》していった。

1920年代《ねんだい》には、真空管《しんくうかん》をアンプに用《もち》いることで電気式補聴器《でんきしきほちょうき》よりも音《おと》を大《おお》きくできる真空管補聴器《しんくうかんほちょうき》が開発《かいはつ》された。しかし、ラジオや弁当箱《べんとうばこ》と同《おな》じくらいのサイズで、電源《でんげん》となる電池《でんち》が当時《とうじ》はまだ重《おも》かったため、簡単《かんたん》に持《も》ち運《はこ》べるものではなかった。それでもその後《ご》、真空《しんくう》管《かん》や電池《でんち》の小型化《こがたか》が進《すす》んで真《しん》空管補聴器《くうかんほちょうき》のサイズも小《ちい》さくなり、洋服《ようふく》の下《した》に着用《ちゃくよう》したりポケットに入《い》れたりして携帯《けいたい》できるようになったんだ。

ヴェルナー・フォン・ジーメンス

シーメンス社《しゃ》の創始《そうし》者《しゃ》。電信機《でんしんき》をはじめさまざまな発明《はつめい》や開《かい》発《はつ》を行《おこな》い、ドイツで「電気工学《でんきこうがく》の父《ちち》」と呼《よ》ばれている。

初期《しょき》の電気式補聴器《でんきしきほちょうき》
本体《ほんたい》
イヤホン
ハンドバッグかポケットに電池《でんち》を入《い》れる

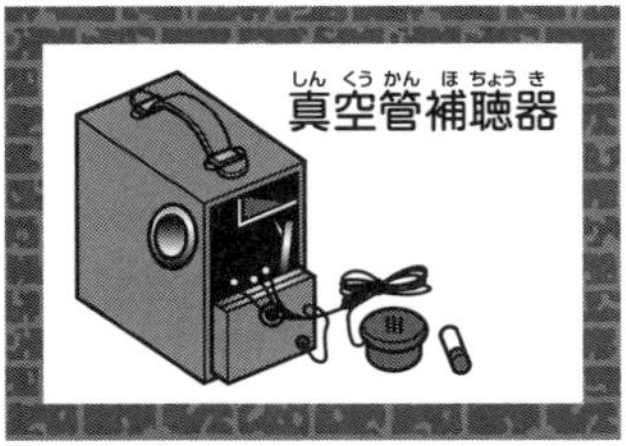
真空管補聴器《しんくうかんほちょうき》

テクノロジーの発展《はってん》によって より便利《べんり》で使《つか》いやすい補聴器《ほちょうき》へと進化《しんか》

電気信号《でんきしんごう》を増幅《ぞうふく》する新《あら》たな機器《きき》として1950年《ねん》代《だい》にトランジスタが発明《はつめい》されると、補聴器《ほちょうき》でもそれまでの真空管《しんくうかん》の代《か》わりに用《もち》いられるようになった。トランジスタは真空管《しんくうかん》よりも小型《こがた》で消費電力《しょうひでんりょく》も少《すく》なく、真空管補聴器《しんくうかんほちょうき》では電池《でんち》が2つ必要《ひつよう》だったのに対《たい》し、トランジスタ補聴器《ほちょうき》は電池《でんち》が1つですむようになった。この発明《はつめい》によって補聴器《ほちょうき》の小型化《こがたか》がいっそう進《すす》み、現在《げんざい》見《み》られるような耳《みみ》かけ型《がた》も開発《かいはつ》された。

そして1960年代《ねんだい》には、複数《ふくすう》のトランジスタを1つの小《ちい》さなチップに集《あつ》めたIC《アイシー》チップ(集積回路《しゅうせきかいろ》)を利用《りよう》する補聴器《ほちょうき》が誕生《たんじょう》。これによって補聴器《ほちょうき》のさらなる小型化《こがたか》を実現《じつげん》でき、耳《みみ》かけ型《がた》よりもさらに小《ちい》さな耳《みみ》あな型《がた》も開発《かいはつ》されたよ。

さらに1990年代《ねんだい》に入《はい》ると、それまでアナログ回路《かいろ》で行《おこな》われていた補聴器《ほちょうき》の音声処理《おんせいしょり》をデジタル回路《かいろ》で行《おこな》えるようになり、1991年《ねん》にはフルデジタル補聴器《ほちょうき》が誕生《たんじょう》。デジタル化《か》の実現《じつげん》によって補聴器《ほちょうき》は単《たん》に音《おと》を大《おお》きくするだけでなく、自然《しぜん》で聞《き》き取《と》りやすい音《おと》へと加工《かこう》できるようになったり、また不快《ふかい》な音《おと》が突然鳴《とつぜんな》るハウリングや周囲《しゅうい》の雑音《ざつおん》をおさえることができるなど、より便利《べんり》で快適《かいてき》に使《つか》いやすいものへと進化《しんか》したんだ。

アナログからデジタルへ進化《しんか》

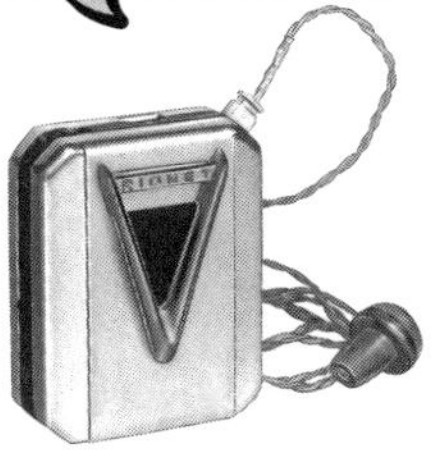

小型《こがた》で耐久性《たいきゅうせい》のある
トランジスタ補聴器《ほちょうき》
(1950年代《ねんだい》)

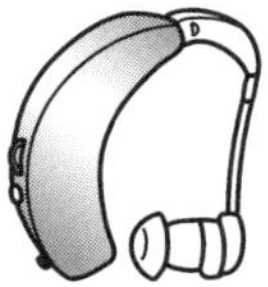

IC《アイシー》チップを用《もち》いて小型化《こがたか》した
耳《みみ》かけ式《しき》補聴器《ほちょうき》
(1960年代《ねんだい》)

より快適《かいてき》に音《おと》を聞《き》き取《と》れる
フルデジタル補聴器《ほちょうき》
(1991年《ねん》)

画像提供:リオン株式会社

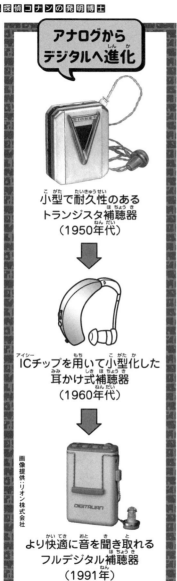

これからの発明《はつめい》
―未来《みらい》の発明家《はつめいか》たちへ―

2030年代《ねんだい》に実現《じつげん》するかも？
❶完全自動運転車《かんぜんじどううんてんしゃ》

自動車《じどうしゃ》を運転《うんてん》するには、周囲《しゅうい》の車両《しゃりょう》や交通標識《こうつうひょうしき》などの情報《じょうほう》を目《め》や耳《みみ》から得《え》て、ハンドルやブレーキを操作《そうさ》する必要《ひつよう》がある。こうした行動《こうどう》をすべてコンピュータが代《か》わりに行《おこな》うのが自動運転《じどううんてん》。センサーが周囲《しゅうい》の情報《じょうほう》を検知《けんち》し、それをもとにAI《エーアイ》が適切《てきせつ》な運転方法《うんてんほうほう》を判断《はんだん》し、電気信号《でんきしんごう》で運転操作《うんてんそうさ》をコントロールするんだ。

現在《げんざい》は、人間《にんげん》の助《たす》けを一切《いっさい》借《か》りずに操縦《そうじゅう》する自動運転《じどううんてん》が、走行《そうこう》エリアを限定《げんてい》した上《うえ》でアメリカや中国《ちゅうごく》で実用化《じつようか》されている。どの場所《ばしょ》でも運転可能《うんてんかのう》なレベルの技術《ぎじゅつ》が実現《じつげん》するのは、早《はや》くても2030年以降《ねんいこう》になりそうだよ。

人《ひと》の手《て》を借《か》りない自動運転《じどううんてん》

2030年代《ねんだい》に実現《じつげん》するかも？
❷立体《りったい》テレビ

画面《がめん》からまるで飛《と》び出《だ》したかのような立体映像《りったいえいぞう》を、3D《スリーディー》メガネを使《つか》わず裸眼《らがん》で見《み》られるテレビの開発《かいはつ》が進《すす》んでいる。広《ひろ》い範囲《はんい》で撮影《さつえい》した複数台《ふくすうだい》のカメラ映像《えいぞう》を、角度《かくど》や向《む》きを切《き》り替《か》えて出力《しゅつりょく》することで立体的《りったいてき》に見《み》せるしくみだ。画面《がめん》を見《み》る人数《にんずう》が1人《ひとり》の場合《ばあい》はその人《ひと》の顔《かお》の位置《いち》をカメラやセンサーで追《お》いながら映像《えいぞう》を切《き》り替《か》え、多人数《たにんずう》の場合《ばあい》は複数《ふくすう》の視点《してん》の映像《えいぞう》を同時《どうじ》に出力《しゅつりょく》する。すでに医療現場《いりょうげんば》などで導入《どうにゅう》されていて、一般向《いっぱんむ》けとしては2030年以降《ねんいこう》の実用化《じつようか》が期待《きたい》されているよ。

3D《スリーディー》メガネが不要《ふよう》に

❸自律型知能《じりつがたちのう》ロボット 2030年代《ねんだい》に実現《じつげん》するかも？

飲食店《いんしょくてん》で料理《りょうり》を運《はこ》んだり、ホテルで受付《うけつけ》を務《つと》めるロボットを見《み》たことがあるかな？　これは決《き》まった動作《どうさ》を行《おこな》うよう人間《にんげん》がプログラミングしたもので、ロボットが自《みずか》らの意思《いし》で動《うご》いているわけではないんだ。

それに対《たい》して、人間《にんげん》の指示《しじ》を待《ま》たない自律型知能《じりつがたちのう》ロボットの開発《かいはつ》が進《すす》んでいる。運動機能《うんどうきのう》のほかにも視覚《しかく》や触覚《しょっかく》などの感覚機能《かんかくきのう》、さらに学習《がくしゅう》や推論《すいろん》などの思考《しこう》機能《きのう》を備《そな》えることで、人間《にんげん》と自然《しぜん》な会話《かいわ》を行《おこな》ったり話《はな》し相手《あいて》の感情《かんじょう》に共感《きょうかん》したり、周《まわ》りの状況《じょうきょう》に応《おう》じて臨機《りんき》応変《おうへん》に動《うご》くことができるんだ。現在《げんざい》はコミュニケーション技術《ぎじゅつ》が高《たか》いレベルまで向上《こうじょう》していて、データの検知《けんち》やその情報《じょうほう》を処理《しょり》する技術《ぎじゅつ》の開発《かいはつ》が進《すす》んでいる。2030年《ねん》代《だい》には、自《みずか》ら人間《にんげん》の世話《せわ》を焼《や》くお手伝《てつだ》いロボットが誕生《たんじょう》するかも？

❹人工光合成技術《じんこうこうごうせいぎじゅつ》 2030年代《ねんだい》に実現《じつげん》するかも？

光合成《こうごうせい》のはたらきを人工的《じんこうてき》に行《おこな》う技術《ぎじゅつ》が開発《かいはつ》されている。光触媒《ひかりしょくばい》という素材《そざい》と太陽《たいよう》エネルギーを用《もち》いることで水《みず》を水素《すいそ》と酸素《さんそ》に分解《ぶんかい》し、さらにその水素《すいそ》を工《こう》場《じょう》などから排出《はいしゅつ》される二酸化炭素《にさんかたんそ》と合成《ごうせい》して有機化《ゆうきか》合物《ごうぶつ》を生成《せいせい》するんだ。人間《にんげん》に必要《ひつよう》な酸素《さんそ》や化学《かがく》エネルギーを生《う》み出《だ》すだけでなく、地球温暖化《ちきゅうおんだんか》の要因《よういん》である二酸化炭素《にさんかたんそ》を削減《さくげん》できるメリットがあるよ。

人工光合成《じんこうこうごうせい》を実用化《じつようか》するには、光触媒《ひかりしょくばい》が受《う》けた太陽光《たいようこう》に対《たい》して水素《すいそ》や酸素《さんそ》を生《う》み出《だ》す割合《わりあい》が10%《パーセント》以上《いじょう》は必要《ひつよう》で、すでに日本《にほん》の研究所《けんきゅうじょ》が達成《たっせい》している。今後《こんご》も開発《かいはつ》が順《じゅん》調《ちょう》に進《すす》めば、2030年《ねん》までには実用化《じつようか》されそうだよ。

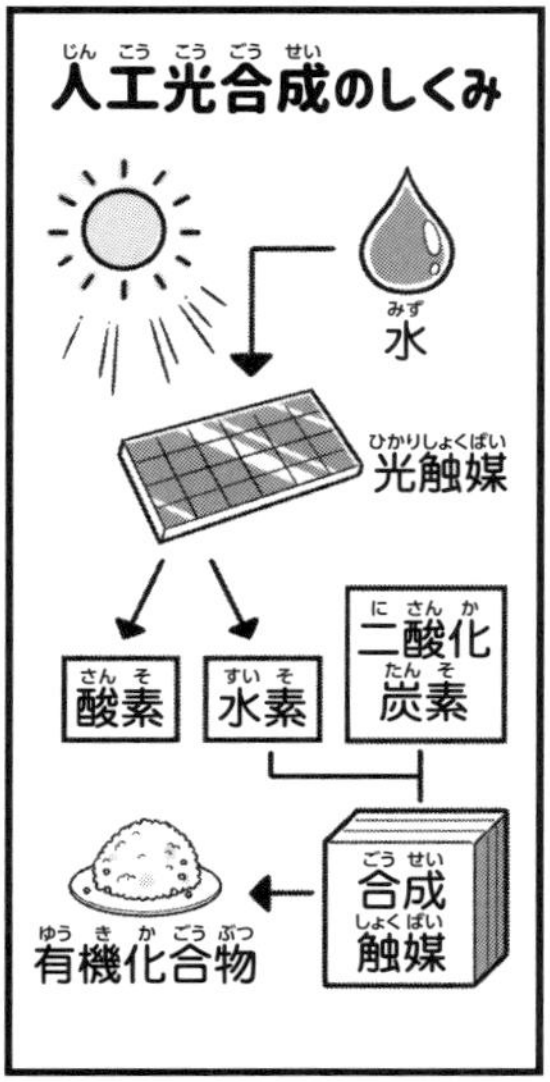
人工光合成《じんこうこうごうせい》のしくみ
水《みず》
光触媒《ひかりしょくばい》
酸素《さんそ》
水素《すいそ》
二酸化炭素《にさんかたんそ》
合成触媒《ごうせいしょくばい》
有機化合物《ゆうきかごうぶつ》

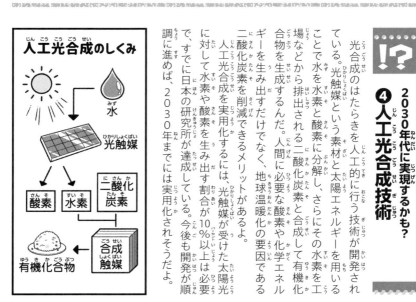

新《あら》たな発明《はつめい》によって2040年《ねん》の未来《みらい》はこうなる？

現在開発《げんざいかいはつ》が進《すす》んでいるさまざまな技術《ぎじゅつ》が実現《じつげん》したら、社会《しゃかい》がどのように変《か》わり、どんなくらしが可能《かのう》になるのか興味《きょうみ》があるよね。そんなみんなに紹介《しょうかい》したいのが、科学技術《かがくぎじゅつ》・学術政策研究所《がくじゅつせいさくけんきゅうじょ》が行《おこな》った「科学技術予《かがくぎじゅつよ》測調査《そくちょうさ》」。国内外《こくないがい》の専門家《せんもんか》たちの知識《ちしき》やアイディアを集《あつ》め、科学《かがく》と技術《ぎじゅつ》の最新《さいしん》の研究成果《けんきゅうせいか》や今後《こんご》の見通《みとお》しにもとづいて2040年《ねん》の社会《しゃかい》を予測《よそく》したんだ。

【ポイント❶ 多様性《たようせい》と共生《きょうせい》】

いろんな国《くに》の言語《げんご》をリアルタイムで自動翻訳《じどうほんやく》できるシステム。離《はな》れている人《ひと》の体験《たいけん》を自分《じぶん》の肌《はだ》を通《つう》じて感《かん》じ取《と》るように共有《きょうゆう》できる伝達《でんたつ》メディア。視《し》覚障《かくしょう》がい者《しゃ》や高《こう》齢者《れいしゃ》が安心《あんしん》して自由《じゆう》に移動《いどう》できるナビゲーションシステム。こうした技術《ぎじゅつ》の数々《かずかず》によって、人々《ひとびと》があらゆる制約《せいやく》に邪魔《じゃま》されることなく自分《じぶん》らしく生《い》きながら、みんなで共生《きょうせい》できる社会《しゃかい》が実現《じつげん》するはずだよ。

英語《えいご》
スペイン語《ご》
いいですね
Good
Muy Bien
リアルタイムで自動翻訳《じどうほんやく》

【ポイント❷ リアルとバーチャルの調和《ちょうわ》】

いつでもどこでも自分《じぶん》に合《あ》った学《まな》びを受《う》けることができるデジタル教育《きょういく》、遠《とお》くにいる人《ひと》や架空《かくう》のキャラクターと競《きそ》うことができる拡張現実《かくちょうげんじつ》スポーツ、離《はな》れた場所《ばしょ》にあるロボットを自在《じざい》に操《あやつ》る身体共有技術《しんたいきょうゆうぎじゅつ》など、その場《ば》にいなくても活動《かつどう》を行《おこな》うことによってさまざまな働《はたら》き方《かた》や遊《あそ》び方《かた》が可能《かのう》になる。また、安全性《あんぜんせい》の高《たか》い完全自動運転《かんぜんじどううんてん》システムも定着《ていちゃく》していくだろう。

拡張現実《かくちょうげんじつ》スポーツ
離《はな》れた場所《ばしょ》からデータで動《うご》きを転送《てんそう》して試合《しあい》に参加《さんか》できる

【ポイント③ デジタル技術《ぎじゅつ》で技《わざ》と健康《けんこう》をサポート】

健康状態《けんこうじょうたい》を管理《かんり》
職人《しょくにん》の技《わざ》を指導《しどう》

血液分析《けつえきぶんせき》によってがんや認知症《にんちしょう》を早《はや》いうちに発見《はっけん》したり、3D《スリーディー》プリント技術《ぎじゅつ》を用《もち》いて移植用《いしょくよう》臓器《ぞうき》を製造《せいぞう》するなど、デジタル技《ぎ》術《じゅつ》によって人《ひと》それぞれに適《てき》した健康管理《けんこうかんり》や身体機能《しんたいきのう》の回復《かいふく》・拡張《かくちょう》を実現《じつげん》できる。また、デジタル化《か》された職《しょく》人《にん》の技《わざ》を記憶《きおく》して人《にん》間《げん》を相手《あいて》に教《おし》えるAI《エーアイ》システムや、長年《ながねん》の経験《けいけん》が必要《ひつよう》な農作《のうさ》業《ぎょう》や工事現場《こうじげんば》での危《き》険《けん》が伴《ともな》う作業《さぎょう》を人間《にんげん》の代《か》わりに行《おこな》うロボットなど、専門性《せんもんせい》の高《たか》い活動《かつどう》を機械《きかい》がサポートしてくれるよ。

【ポイント④ 自分《じぶん》のためにカスタマイズ】

人工食材《じんこうしょくざい》を射出《しゃしゅつ》して立体的《りったいてき》な食品《しょくひん》を造形《ぞうけい》する

人工食材《じんこうしょくざい》を素材《そざい》に用《もち》いてオーダーメイドで食品《しょくひん》を製造《せいぞう》する3D《スリーディー》フードプリント技術《ぎじゅつ》。ドローンで人《ひと》を運《はこ》んだり収穫《しゅうかく》作物《さくもつ》や製造物《せいぞうぶつ》を自《じ》動運搬《どううんぱん》するシステム。自然災害《しぜんさいがい》の発生時期《はっせいじき》や被害《ひがい》の予測技術《よそくぎじゅつ》。こうした一人《ひとり》ひとりの欲求《よっきゅう》に応《こた》えることができる技術《ぎじゅつ》を活用《かつよう》することによって、どんな状況《じょうきょう》でも自分《じぶん》らしく生《い》き続《つづ》けられる社会《しゃかい》が構築《こうちく》されている。

科学技術《かがくぎじゅつ》が高度《こうど》に発展《はってん》し、自分《じぶん》のやりたいことをかなえてくれるサービスを受《う》けられるようになると、単《たん》にくらしが便利《べんり》になるだけでなく、誰《だれ》もが自分《じぶん》らしく生《い》きることができるんだ。そんな未来《みらい》の社会《しゃかい》が早《はや》く実《じつ》現《げん》するといいね。ほかにも「こんなことができるといいな」というかなえてみたい未来《みらい》があれば、ぜひ自《みずか》らの発明《はつめい》で実現《じつげん》してみよう！

次《つぎ》はキミの番《ばん》だ！ 発明家《はつめいか》になるには？

発明家《はつめいか》には医師《いし》や弁護士《べんごし》のように資格《しかく》は必要《ひつよう》ない。また、年齢《ねんれい》や性別《せいべつ》の制限《せいげん》もないので、未成年《みせいねん》が学校《がっこう》に通《かよ》いながら、あるいは大人《おとな》が会社《かいしゃ》で働《はたら》きながら、個人《こじん》発明家《はつめいか》として自由《じゆう》に活動《かつどう》することが可能《かのう》なんだ。一方《いっぽう》、自分《じぶん》が勤《つと》める会社《かいしゃ》で日々《ひび》行《おこな》っている業務《ぎょうむ》の範囲《はんい》で、会社《かいしゃ》のために発明《はつめい》に取《と》り組《く》む「職務発明家《しょくむはつめいか》」になる方法《ほうほう》もある。たとえば、青色《あおいろ》LED《エルイーディー》の量産《りょうさん》技術《ぎじゅつ》を発明《はつめい》した中村修二《なかむらしゅうじ》も、日亜化学工業《にちあかがくこうぎょう》という企業《きぎょう》で開発《かいはつ》に取《と》り組《く》んだんだよ。

発明家《はつめいか》になるための条件《じょうけん》はただ一《ひと》つ。何《なん》でもいいから自分《じぶん》だけのアイディアを形《かたち》にして、発明品《はつめいひん》を生《う》み出《だ》すことだ。発明《はつめい》が完成《かんせい》したら、SNS《エスエヌエス》でみんなに発表《はっぴょう》したり発明《はつめい》コンクールに応募《おうぼ》してみよう。一方《いっぽう》、発明《はつめい》活動《かつどう》を仕事《しごと》にしてお金《かね》を稼《かせ》ぐには、生《う》み出《だ》した発明品《はつめいひん》やアイディアを企業《きぎょう》にアピールしたり、特許庁《とっきょちょう》に発明《はつめい》の特許《とっきょ》を申請《しんせい》する必要《ひつよう》がある。企業《きぎょう》に発明《はつめい》を評価《ひょうか》されて商品《しょうひん》化《か》の契約《けいやく》を結《むす》べば契約金《けいやくきん》を受《う》け取《と》ることができるし、特許権《とっきょけん》を取得《しゅとく》すればその特許《とっきょ》を利用《りよう》したい人《ひと》から特許《とっきょ》使用料《しようりょう》を受《う》け取《と》ることができるよ。

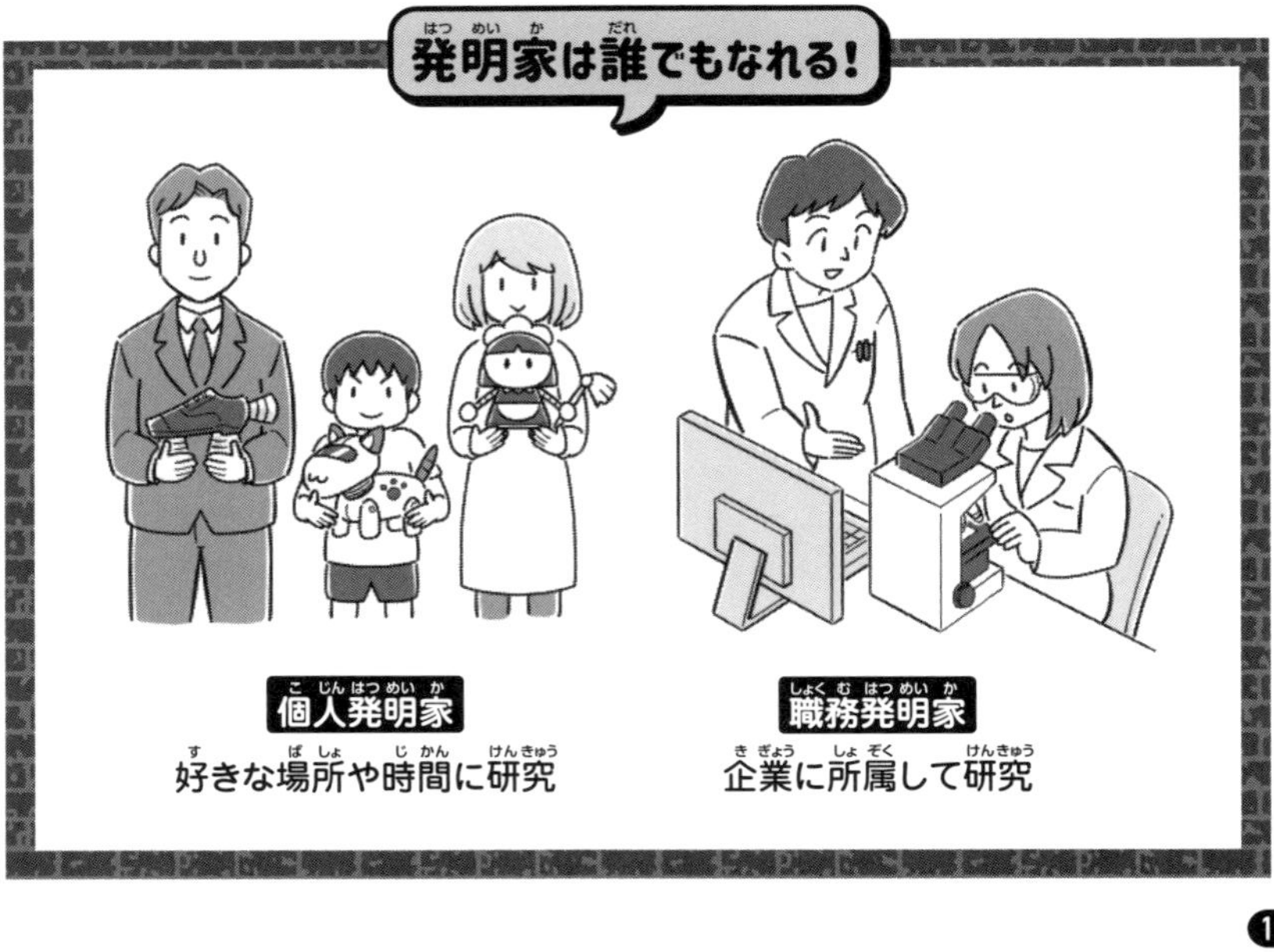
発明家《はつめいか》は誰《だれ》でもなれる！
個人発明家《こじんはつめいか》
好《す》きな場所《ばしょ》や時間《じかん》に研究《けんきゅう》
職務発明家《しょくむはつめいか》
企業《きぎょう》に所属《しょぞく》して研究《けんきゅう》

こんな能力《のうりょく》を伸《の》ばせば すぐれた発明家《はつめいか》になれる!

発明家《はつめいか》に必要《ひつよう》な資格《しかく》はないけど、すぐれたアイディアを生《う》み出《だ》して活躍《かつやく》するために必要《ひつよう》な能力《のうりょく》はある。

発明《はつめい》に不可欠《ふかけつ》なのは、そのもとになる自分《じぶん》だけのアイディア。まずは身《み》の回《まわ》りで不便《ふべん》なことを発見《はっけん》し、「もっと便利《べんり》にするにはどうすればいいか」という発想《はっそう》を出発点《はってん》に、その課題《かだい》を解決《かいけつ》できるアイディアをさまざまな観点《かんてん》から考《かんが》えてみよう。アイディアをたくさん出《だ》せば出《だ》すほど、より完成度《かんせいど》の高《たか》い解決策《かいけつさく》が見《み》つかるよ。

次《つぎ》に大切《たいせつ》なのは、とことん集中《しゅうちゅう》して探究《たんきゅう》すること。発明《はつめい》のアイディアを考《かんが》えたり試作品《しさくひん》などの形《かたち》にするには、じっくり時間《じかん》をかけて取《と》り組《く》む必要《ひつよう》がある。何《なに》かをしていてもすぐに飽《あ》きやすい人《ひと》は、「周《まわ》りに気《き》が散《ち》るものを置《お》かない」「発明《はつめい》だけに取《と》り組《く》む時間《じかん》をつくる」など集中力《しゅうちゅうりょく》を維持《いじ》するための工夫《くふう》をしてみよう。

頭《あたま》で思《おも》い描《えが》いた発明《はつめい》のアイディアを現実《げんじつ》に成立《せいりつ》させるには、自然《しぜん》の法則《ほうそく》をしっかり理解《りかい》しておく必要《ひつよう》がある。また、発明品《はつめいひん》をつくるには図面《ずめん》の作成《さくせい》や工作《こうさく》などにおいて理《り》系《けい》の知識《ちしき》が求《もと》められる。科学《かがく》について積極的《せっきょくてき》に学《まな》び、さらに機械工学《きかいこうがく》や電気電子工学《でんきでんしこうがく》などより高度《こうど》な学問《がくもん》を学《まな》んで知識《ちしき》を深《ふか》めていこう。

成功《せいこう》するまで何度《なんど》もくり返《かえ》す

そして最《もっと》も大切《たいせつ》なのが、あきらめないこと。発明《はつめい》は成功《せいこう》と失敗《しっぱい》のくり返《かえ》しで、いいアイディアが浮《う》かんだと思《おも》っても問題点《もんだいてん》が生《う》まれたり、アイディアが完璧《かんぺき》でも試作品《しさくひん》づくりがうまくいかないこともある。それでも決《けっ》してあきらめず、何度《なんど》も試行錯誤《しこうさくご》をくり返《かえ》すことが大切《たいせつ》だよ。

今《いま》までにない新《あたら》しいものを発明《はつめい》するなんて、特別《とくべつ》な人《ひと》にしかできないと思《おも》いがちだけど、情熱《じょうねつ》と努力《どりょく》さえあれば誰《だれ》でも発明家《はつめいか》になれる。ここで挙《あ》げた発明家《はつめいか》に必要《ひつよう》な能力《のうりょく》は、いずれも意識《いしき》して行《おこな》えば可能《かのう》なことなので、ぜひチャレンジしてみよう!

名探偵コナンの
発明博士

2024年12月23日　初版第1刷発行

原作／青山剛昌

監修／日本技術史教育学会

編集協力／株式会社ダン、山田雅巳
イラスト／石井じゅんのすけ、神内アキラ、杉浦由紀、牧森小倉
デザイン／安斎 秀+木下佑紀乃(ベイブリッジ・スタジオ)
協力／栢森美奈子
編集／飯塚洋介

発行人／野村敦司
印刷所／三晃印刷株式会社
製本所／牧製本印刷株式会社

発行所／株式会社 小学館
〒101-8001 東京都千代田区一ツ橋2-3-1
電話　編集 03-3230-5432　販売 03-5281-3555

[写真・資料提供](五十音順・敬称略)
アディダス ジャパン株式会社　一般社団法人 日本電機工業会　株式会社リコー　セイコーミュージアム 銀座　Dynabook株式会社
トヨタ博物館　日産自動車株式会社　日清食品株式会社　福山市中条交流館　リオン株式会社

[参考文献]
『発明・発見の大常識』(青木一平／ポプラ社)　『人類の歴史を変えた発明1001』(編集:ジャック・チャロナー／ゆまに書房)
『子供の科学』(誠文堂新光社)　『世界大百科事典』(平凡社)

[参考ウェブサイト]
文部科学省　農林水産省　経済産業省　福山市　一般社団法人 日本電機工業会　一般社団法人 北多摩薬剤師会
一般社団法人 日本補聴器販売店協会　公益財団法人 鉄道総合技術研究所　日本製薬工業協会　「あかりの日」委員会　JAF　大阪ガス
テルモ　中国ゴム工業株式会社　株式会社グッドグッズ　CloudGPS　GLENROYAL　セイコーミュージアム 銀座
東京メガネミュージアム　IPSJコンピュータ博物館　NTTドコモ 歴史展示スクエア　郵政博物館　ナショナル ジオグラフィック
日本経済新聞　日経XTECH　大人の科学.net　月刊FBニュース　盗聴器の発見PRO　Ancient Origins

Printed in Japan　ISBN978-4-09-259234-6